Claudio Romanichen

Contém CD de áudio

# Viva!

## Língua Portuguesa para estrangeiros

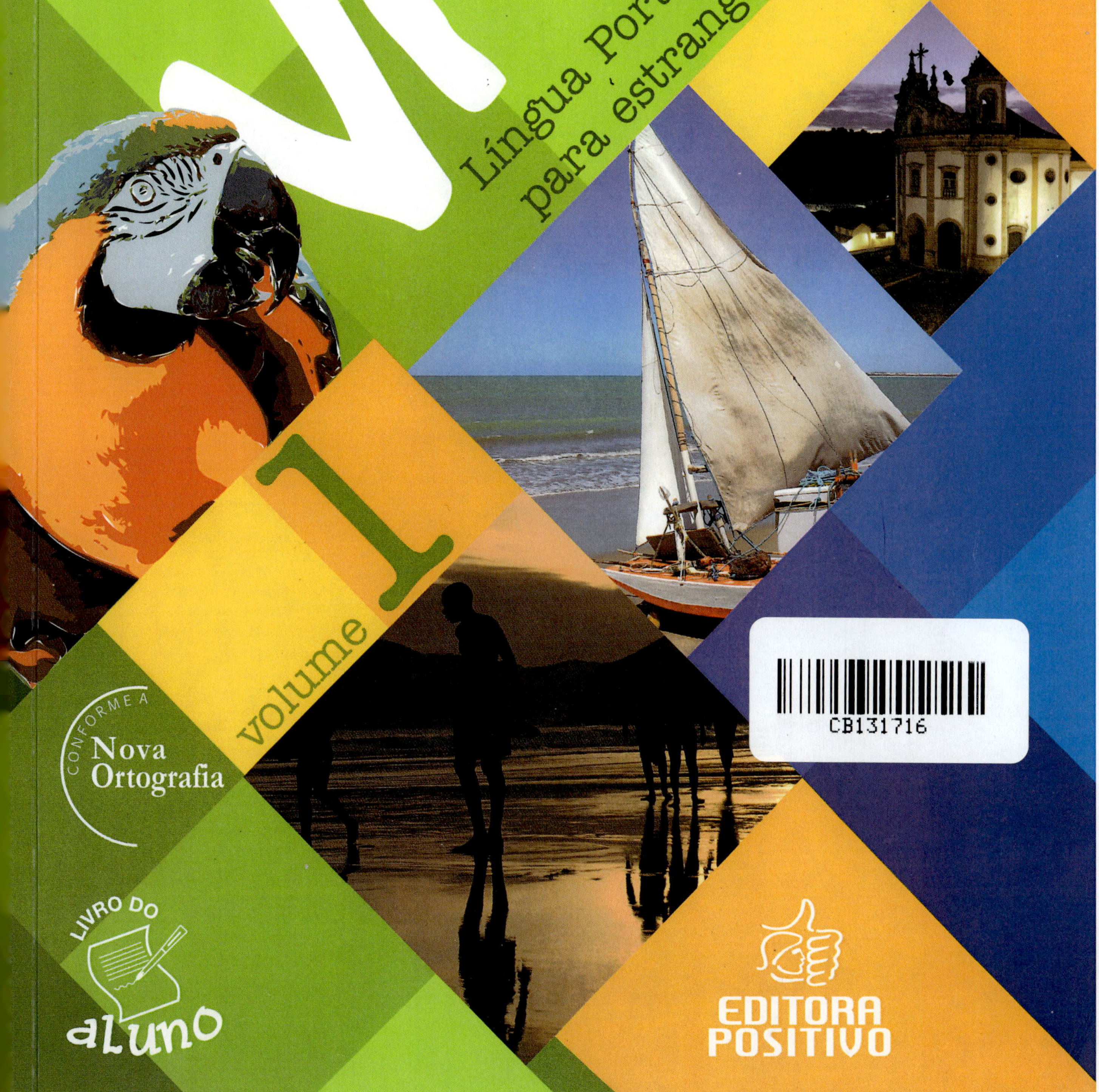

volume 1

Conforme a Nova Ortografia

Livro do aluno



EDITORA POSITIVO

# Chave do Livro

## Página de abertura

Todas as unidades têm uma página de abertura que introduz o tema a ser trabalhado. Ali são apresentadas informações para discutir diferenças e semelhanças culturais entre o Brasil e outros países.

## Na ponta da língua

Nesta seção, são apresentadas as tarefas comunicativas. Geralmente, a partir de um texto em áudio você terá um modelo de como se comunicar em uma determinada situação. Aqui também há um trabalho de vocabulário sobre um tema específico.

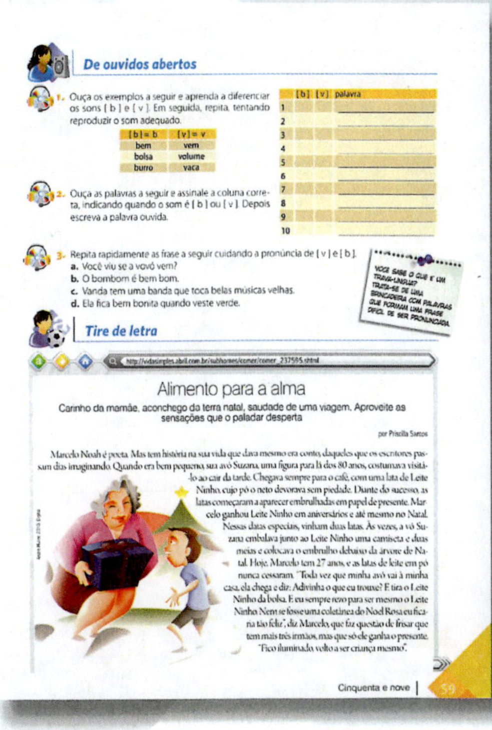


## De ouvidos abertos

Como o próprio nome sugere, este item é composto por exercícios de compreensão auditiva com o objetivo de ajudar a produção correta dos sons do português brasileiro.

## Tire de letra

O objetivo é analisar e interpretar textos de diversas fontes por meio de atividades de localização de informação, inferências, vocabulário, etc. além de discutir aspectos culturais.

## Tintim por tintim

Os detalhes da gramática são apresentados a partir da observação e análise de exemplos contidos em textos. Além de explicações, você encontrará exercícios para fixação e apreensão dos conteúdos.

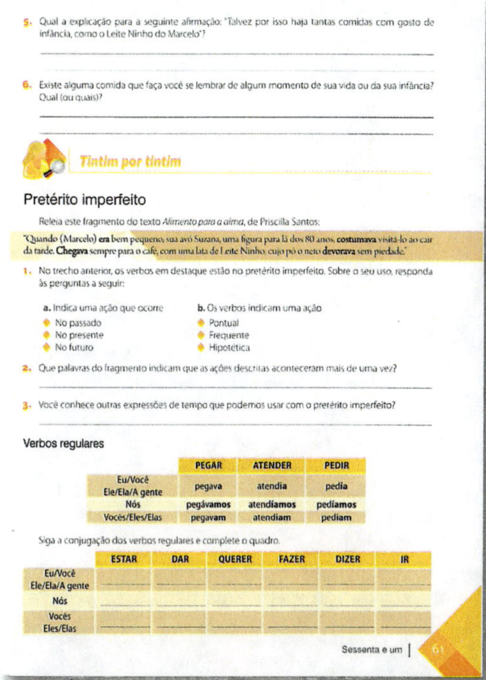


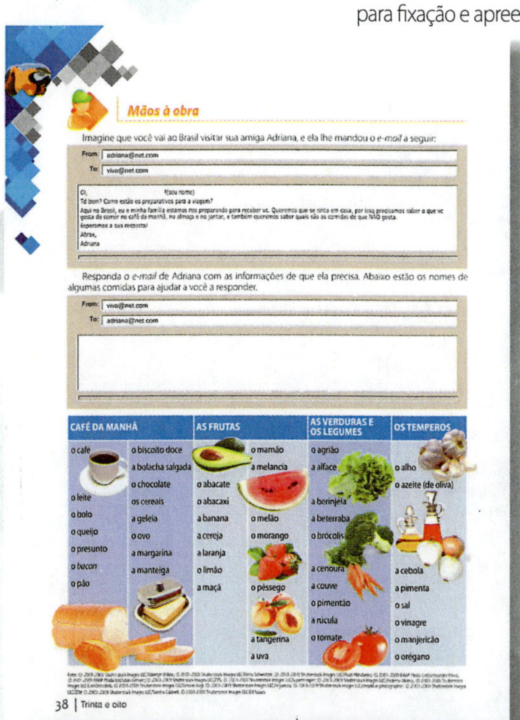


## Mãos à obra

Com base nos conteúdos trabalhados, você deverá produzir um texto cujo tema está sempre relacionado ao assunto da unidade.

## Fique ligado

Conheça mais a fundo algum tópico da cultura brasileira, da música à literatura, incluindo provérbios, expressões idiomáticas, hábitos culturais, etc.

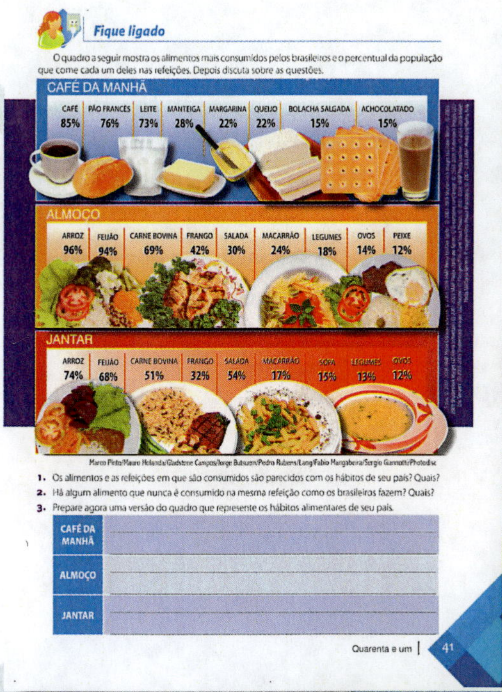

## Apêndice

As páginas finais do livro reúnem as informações mais relevantes de cada seção.

# Sumário

# 1 Brasil: primeiros contatos

## Você sabia?

O Brasil é um país grande e rico em diversidade. É o quinto maior país do mundo em extensão com os seus mais de 8,5 milhões de km$^2$, ou seja, 47% do território sul americano. Faz fronteiras com Venezuela, Guiana, Suriname, Guiana Francesa, Colômbia, Peru, Bolívia, Paraguai, Argentina e Uruguai.

Por causa de seu tamanho, há, ao sul, áreas de clima frio, e do centro ao norte e nordeste, zonas tropicais e equatoriais. Isso faz com que dentro do Brasil exista uma grande variedade de tipos de paisagens. Pode-se encontrar regiões de mata fechada e abundante, como a Amazônia e a Mata Atlântica, grandes planícies alagadas como o Pantanal, vastos campos de cerrado e lugares quase desérticos como a caatinga no Nordeste, além da grande quantidade de praias de sua costa. Tamanha variedade de ecossistemas resulta em fauna e flora compostas de milhares de espécies diferentes.

Sua população – a quinta maior do mundo – é formada por aproximadamente 190 milhões de pessoas. Ela é composta por uma mistura de diversas raças: índios, negros, europeus e orientais, que falam a língua portuguesa.

- O que mais você sabe sobre o Brasil?
- Você já visitou o país alguma vez? Quais lugares?
- Você conhece algum brasileiro? Como são os brasileiros que você conhece?
- Entre as coisas que você conhece, do que você gosta no Brasil e nos brasileiros?
- Por que você quer estudar português?

## Na ponta da língua

**1.** Ouça os diálogos a seguir e conheça algumas formas de cumprimentar, apresentar-se e se despedir.

– Oi! Meu nome é Mauro. Como você se chama?

– Olá, Mauro! Eu me chamo Clara. Prazer!

– O prazer é meu.

– Bom dia, Antônio!

– Bom dia, Márcia! Tudo bem?

– Tudo! Esta é a minha amiga, Rosa.

– Oi, Rosa. Prazer!

– Prazer, Antônio!

– Você parece apressado...

– Desculpe. É que já está quase na hora da minha aula.

– Então é melhor você ir. Boa aula!

– Obrigado. Tchau, Márcia! Tchau, Rosa!

– Até depois!

– E aí, Roberto. Como é que você está?

– Tranquilo. E você?

– Bem, obrigado.

– Preciso ir, agora. Falou!

– E aí, beleza?

– Opa! Susse?

Clarissa França. 2010. 4 ilustração. Digital

2. Em sala de aula, você pode precisar do seguinte vocabulário e estruturas. Leia com atenção.

### Professor

Abram o livro na página ...
Fechem o livro.
Peguem o caderno.
Trabalhem em duplas.
Façam grupos de três pessoas.
Ficou claro?
Entenderam?
Já terminaram?

Escutem.
Ouçam.
Respondam.
Leiam.
Escrevam.
Anotem no caderno.
Façam o exercício ...

### Alunos

O que é ...?
Você pode repetir, por favor?
Não entendi.
Você pode traduzir, por favor?
Como se diz ...... em português?
Como se pronuncia essa palavra?
Em que página?

### Outras expressões úteis

Por favor, ...
Por gentileza, ...

Obrigado/Obrigada.
Muito obrigado.
De nada.
Por nada.
Não foi nada.

Sim.
Não.
Não, obrigado.

3. Nos diálogos a seguir, há pessoas se encontrando, apresentando-se e despedindo-se. Complete os trechos em branco e, em seguida, ouça para conferir.

| prazer | a | tudo | sou | é | este | o | é | prazer | esta |
|---|---|---|---|---|---|---|---|---|---|

**a.**

– Oi, Paulo! ____________ bem ?
– Oi, Ana! Tudo e você?
– Tudo bem! ______ ______ ______ minha amiga Júlia.
– Olá, Júlia! Prazer em conhecê-la!
– O ____________ é meu.

**b.**

– Oi, André! ______ ______ ______ meu colega Marcos.
– E aí, Marcos! Prazer! Eu ______ o André.
– ____________!

4. Agora, apresente-se para o colega que está ao seu lado. Em seguida, apresente-o à turma.

| | |
|---|---|
| Eu | me chamo |
| Você<br>Ele/Ela<br>A gente | se chama |
| Nós | nos chamamos |
| Vocês<br>Eles/Elas | se chamam |

5. Observe os exemplos e aprenda a apresentar uma ou mais pessoas.

*Este é o meu amigo José.*
*Estas são as minhas amigas Ana e Paula.*

| Artigos definidos |
|---|
| o/a<br>os/as |

**a.** (amigo Rodrigo) ____________________
**b.** (colega Júlia) ____________________
**c.** (vizinhos Maria e Antônio) ____________________
**d.** (tia Mônica e tio Maurício) ____________________

## Tire de letra

**1.** Você conhece algum brasileiro famoso? Qual?

**2.** Leia as apresentações a seguir e saiba um pouco mais sobre algumas celebridades do Brasil.

© Dreamstime.com/Santamaradona

### Kaká

O nome de Kaká é Ricardo Izecson dos Santos Leite. Ele é de Brasília (DF) e nasceu no dia 22 de abril de 1982. Atualmente, ele mora em Madrid, na Espanha, e joga futebol pelo Real Madrid, mas já jogou no clube italiano Milan – por isso fala muito bem italiano, mas ainda estuda o espanhol. No Brasil, jogava pelo São Paulo. Ele é muito religioso, é casado e é pai do menino Luca.

© 2003 - 2009 Shutterstock Imagens LLC / Jorge Cubells Biela

### Gisele Bündchen

Gisele é uma das modelos mais bem pagas do mundo. Ela é de Horizontina (RS) e hoje em dia mora em Los Angeles, nos Estados Unidos. Ela nasceu no dia 20 de julho de 1980 e é casada com o jogador de futebol americano Tom Brady, e eles têm um filho que se chama Benjamin. Gisele fala inglês com sotaque, mas mesmo assim já apareceu em dois filmes: *O Diabo veste Prada* e *Taxi*.

© Folha Imagem/Caio Guatelli

### Fernando Meirelles

O cineasta Fernando Meirelles é mais conhecido pelo seu filme *Cidade de Deus* (2002), uma adaptação do livro de mesmo nome do escritor Paulo Lins. Fernando é de São Paulo (e mora nesta mesma cidade), tem 54 anos e é casado. Depois do sucesso de *Cidade de Deus*, Meirelles foi convidado para dirigir o seu primeiro filme em inglês: *O jardineiro fiel* (2005). Em 2008, ele dirigiu *Ensaio sobre a cegueira*, baseado no livro de José Saramago. Fernando Meirelles é um dos poucos brasileiros que tem o direito de votar no Oscar.

| Estado civil |
|---|
| solteiro/casado/separado |

**3.** Com base na sua leitura sobre os famosos, responda às perguntas.

**a.** Quem é diretor de cinema?
Fernando Meirelles

**b.** Quantos anos Gisele Bündchen tem?
Ela tem 34 anos

**c.** De onde é Kaká?
Ele é de Brasília

**d.** Qual é a profissão de Gisele Bündchen?
Modelo

**e.** Quais línguas Kaká fala? Ele fala
Português, italiano e espanhol

**f.** Onde Fernando Meirelles mora?
Ele mora em São Paulo

**g.** Qual o estado civil de Kaká? Ele é
Casado

**h.** Qual é a nacionalidade de Fernando Meirelles?
Brasileira.
Nacionalidade

4. Usando o exercício anterior como modelo, escreva perguntas para as seguintes respostas.

a. Qual é a profissão do Kaká?
Ele é jogador de futebol.

b. Quais lenguas fala o Kaká?
Ele fala inglês e português.

c. Onde mora o Kaká?
Ele mora em Madrid, na Espanha.

d. Qual é o estado civil de Gisele?
Ela é casada.

e. De onde é Fernando Meirelles
Ele é de São Paulo.

f. Quem é jogador de futebol?
Kaká.

5. Leia as apresentações a seguir e preencha a cruzadinha com as profissões corretas.

**Vertical**

a. Pessoa que trabalha em bancos.

b. Aquele é responsável pela administração de um determinado estabelecimento.

c. Pessoa que presta assistência a terceiros em assuntos jurídicos.

d. Pessoa que presta auxílio psicológico.

**Horizontal**

e. Aquele que escreve em jornais sobre eventos da atualidade.

f. Pessoa que projeta e idealiza prédios, casas e construções em geral.

g. Indivíduo diplomado em engenharia.

h. Aquele que é habilitado a exercer a Medicina.

i. Pessoa do sexo feminino que atende os clientes em lojas e outros estabelecimentos comerciais.

vendedor / lojista

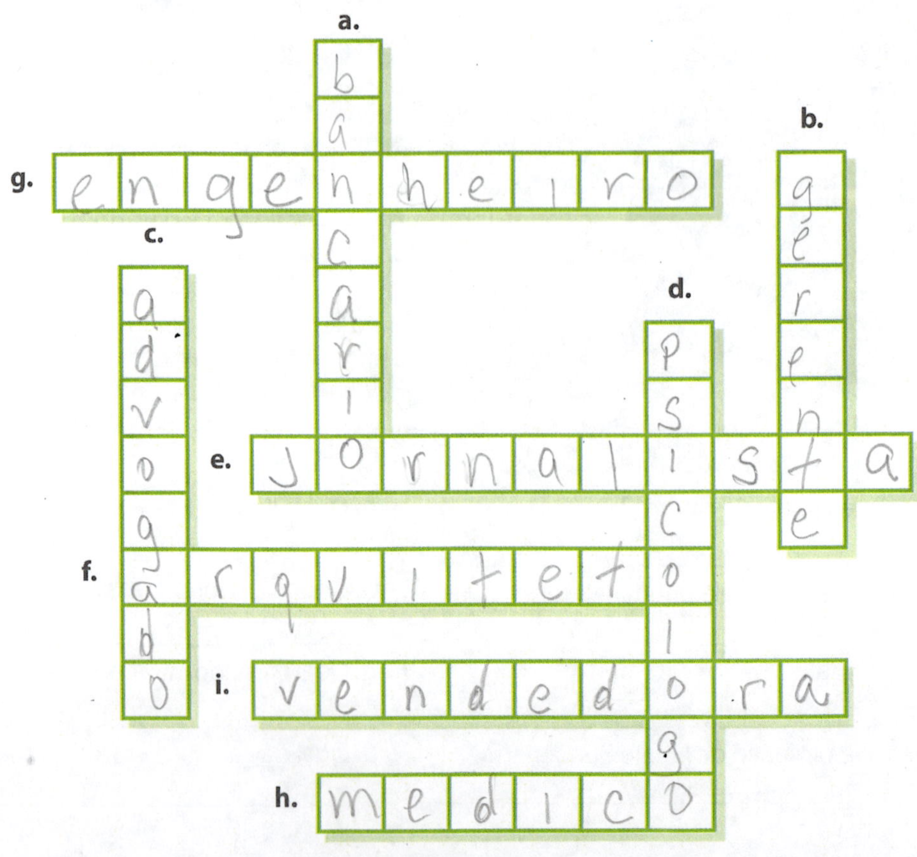

**6.** **A** água ou **o** água?

Faça uma pesquisa e coloque artigos definidos **o**, **a**, **os**, **as** diante das palavras a seguir.

| | | |
|---|---|---|
| a água | a embalagem | a porcentagem |
| a ênfase | as garagens | o sal |
| os alarmes | as pessoas | as dores |
| o leite | os legumes | a cor |
| o sangue | o mel | as equipes |

**7.** Observe os seguintes estereótipos. Você reconhece algum deles?

André Muller. 5 ilustração. 2010. Digital.

**a.** Acima das ilustrações, assinale o país de origem e, embaixo, a nacionalidade de cada um deles.

**b.** Discuta com seus colegas quais são as características que identificam cada nacionalidade e se você concorda com a visão mostrada nas ilustrações.

Irã – Iraniano
Iraniana

Japão – Japonês/japonesa

## *Tintim por tintim*

# Verbos no presente

VERISSIMO, Luis Fernando. *As cobras*. Disponível em:<http://terramagazine.terra.com.br/interna/0,,OI983102-EI6581,00.html>. Acesso em: 13 jan. 2010.

Luis Fernando Verissimo é um escritor, cartunista e tradutor brasileiro. Nasceu em Porto Alegre, em 1936, e ficou conhecido pelos seus textos de cunho humorístico publicados em diversos jornais do país. Entre os personagens que criou, os que mais se destacam são Ed Mort, Velhinha de Taubaté, Analista de Bagé e Família Brasil. Nas tirinhas *As cobras*, os personagens sem nome representam o próprio homem brasileiro, satirizando situações do nosso dia a dia, da cultura e da política nacional.

© Folha Imagem/Eduardo Knapp

**1.** Depois de ler a tirinha, o que você concluiu sobre os personagens?

______________________________________________

______________________________________________

**2.** No que consiste o humor do texto?

______________________________________________

______________________________________________

Os verbos destacados no texto estão todos conjugados no presente. Veja como conjugá-los.

## Verbos irregulares **SER** e **TER**

| Pronomes pessoais | SER | TER |
|---|---|---|
| Eu | sou | tenho |
| Você<br>Ele/Ela<br>A gente | é | tem |
| Nós | somos | temos |
| Vocês<br>Eles/Elas | são | têm |

- Há, para a segunda pessoa, a forma "**tu**", porém ela é usada somente em algumas regiões do Brasil, sendo o mais comum encontrar a forma "**você**".
- Já a forma "**vós**" não é mais usada no cotidiano, aparecendo somente em poemas, romances, textos antigos ou técnicos.
- Além dessas, existe também a expressão "**a gente**" que substitui a forma "**nós**". Apesar de ela significar plural, o verbo sempre deverá ser conjugado no singular.

3. Siga o modelo e complete a tabela de verbos.

| | CHAMAR | ESTUDAR | MORAR | TRABALHAR | FALAR | GOSTAR |
|---|---|---|---|---|---|---|
| Eu | chamo | estudo | moro | trabalho | falo | gosto |
| Você<br>Ele/Ela<br>A gente | chama | estuda | mora | trabalha | fala | gosta |
| Nós | chamamos | estudamos | moramos | trabalhamos | falamos | gostamos |
| Vocês<br>Eles/Elas | chamam | estudam | moram | trabalham | falam | gostam |

Ligar

4. Siga o exemplo e complete as perguntas, respondendo afirmativa ou negativamente.

– Você trabalha?
– *Trabalho.*
– *Não, não trabalho.*

**ESTUDAR**
Você estuda ?
– Estudo.
– Não, não estudo.

**FALAR**
Você fala alguma língua estrangeira?
– Falo.
– Não, não falo.

**MORAR**
Você mora perto da escola?
– Moro.
– Não, não moro perto.

**GOSTAR**
Você gosta de animais?
– Gosto.
– Não, não gosto.

5. Complete as perguntas e responda usando suas próprias informações.

Qual (ser) é o seu nome? Meu nome é Reina
Qual (ser) é a sua nacionalidade? Sou hondurenha.
Quantos anos você (ter) tem ? Tenho 55 anos.
Onde você (morar) mora ? Moro no bairro Petrópolis.
Onde você (estudar) estuda ? Estudo na Escola Viva B.
Onde você (trabalhar) trabalha ? Trabalho em Porto Alegre e outros p.
De que animal você (gostar) gosta ? Eu gosto de iguanas.
Que língua(s) você (falar) fala ? Falo espanhol, inglês e um pouco de português.

| Pronomes Possessivos | |
|---|---|
| Eu | meu, minha, meus, minhas |
| Você | seu, sua (teu, tua), seus, suas (teus, tuas) |
| Ele/ela | seu, sua, seus, suas, dele, dela |
| A gente | da gente |
| Nós | nosso, nossa, nossos, nossas |
| Vocês | seu, sua, seus, suas, de vocês |
| Eles/ elas | seu, sua, seus, suas, deles, delas |

6. Complete as frases com os verbos e as informações pedidas.

As pessoas do meu país (gostar/esporte) gostam de futebol.
Meus/Minhas melhores amigos(as) (ter/idade) têm entre 50 e 60 anos.
Eu e minha família (morar/bairro) moramos no bairro Petrópolis.
No meu país, as pessoas (falar/língua) falam espanhol.

**7.** Leia os seguintes trechos e observe o uso das palavras em destaque.

**a.** "Ele é **de** Brasília (DF) e nasceu no dia 22 de abril de 1982. Atualmente, ele mora **em** Madrid, **na** Espanha"

**b.** "Ela é **de** Horizontina (RS) e hoje em dia mora **em** Los Angeles, **nos** Estados Unidos."

Com base nas palavras em destaque, marque a alternativa certa para montar a regra:

Antes de nome de cidade: (com/sem) sem artigo.

Antes de nome de país: (com/sem) com artigo.

EXCEÇÕES

| PAÍSES | CIDADES |
|---|---|
| DE/EM PORTUGAL | DO/NO RIO DE JANEIRO |
| DE/EM ANGOLA | DO/NO RECIFE |
| DE/EM CUBA | DO/NO PORTO |
| DE/EM ISRAEL | DO/NO CAIRO |
| DE/EM HONG KONG | |

**8.** Apresente informações sobre as personalidades a seguir como no exemplo.

Ex.: Pelé/Três Corações/Brasil.
Pelé é de Três Corações, no Brasil.

| Contrações | | |
|---|---|---|
| de + o = do | de + as = das | em + os = nos |
| de + a = da | em + o = no | em + as = nas |
| de + os = dos | em + a = na | |

**a.** Maradona/Lanús/Argentina
Maradona é de Lanús, na Argentina

**b.** Barack Obama/Honolulu/Estados Unidos
B. O. é de Honolulu, nos E U

**c.** Jackie Chan/Victoria Peak/Hong Kong
J. C. é de Victoria Peak, em H K

**d.** Gabriel García Márquez/Aracataca/Colômbia
G. G. M é de Aracataca, na Colombia

**e.** Charlize Theron/Benoni/África do Sul
C. T. é de Benoni, na

**f.** Natalie Portman/Jerusalém/Israel
N. P. é de Jerusalém, em I

**g.** Carla Bruni/Turim/Itália
C. B é de Turim, na Italia

**h.** Maria Sharapova/Nyagan/Rússia
M. S é de N, na Rússia

## Mãos à obra

Preencha a ficha ao lado com informações sobre uma pessoa famosa de seu país

Agora, com base no que você escreveu no quadro, escreva um pequeno texto para apresentar essa pessoa.

nº: ____ **Ficha de cadastro** __/__/__

Nome: Xiomara Castro de Zelaya

Profissão: Politica

Idade: 56 anos

Origem: Honduras

Línguas que fala: Espanhol e Inglês

Residência: Tegucigalga

Estado civil: Casada

## Tire de letra

Leia o texto a seguir e descubra mais informações sobre o Brasil. Na sequência, responda às questões propostas.

http://g1.globo.com/Noticias/Brasil/0,,MUL59374-5598,00.html

# Estrangeiros elogiam simpatia brasileira

O melhor do Brasil é o brasileiro. Sem falsa modéstia, porque quem disse isso foram os estrangeiros que passaram por aqui.

© 2003 - 2009 Shutterstock Images LLC/ Celso Pupo

Dos turistas que participaram da pesquisa, 52% disseram que o povo é o que há de bom no país. E o que mais chamou atenção nesta população, em primeiro lugar, foi a simpatia. Depois, o jeito amigável, a felicidade. E por último, foi a imagem da mulher brasileira que apareceu na cabeça dos gringos.

É o Brasil visto com outros olhares, diz a Embratur. "A pesquisa mostra que estes estereótipos não existem mais na imagem do Brasil no mercado internacional", diz Jeanine Pires, presidente da Embratur.

© Abr/ Wilson Dias

Para os turistas, beleza natural têm as praias. E, nesse contexto, o Rio continua lindo. Para eles, cultura é samba. Esporte é futebol, claro. Personalidade é Lula, Pelé, Ronaldo, Ronaldinho. E símbolo nacional... deu maior símbolo: a bandeira brasileira foi a mais lembrada pelos visitantes estrangeiros.

"Tirando a violência, o Brasil é demais", diz uma mexicana. "Preciso fazer dieta antes de vir pra cá porque a comida é muito boa", ela completa.

© ABr/Fabio Rodrigues Pozzebom

"Eu gosto de todos os tipos de carne. A picanha é a melhor", diz um americano. Ele ressalta que poderia fazer negócios em outros países, mas em nenhum há churrasco tão bom.

A pesquisa, que também coletou elogios dos estrangeiros à economia brasileira, foi feita em locais como salas de embarque de aeroportos internacionais do país. Ninguém se queixou de problemas para chegar ou deixar o Brasil.

Os turistas foram ouvidos em setembro do ano passado – três dias antes do acidente entre um Boeing da Gol e um jato executivo. Três dias antes do início de uma crise aérea no país.

Um americano passou 20 dias no Brasil com a família e visitou vários estados. Enquanto espera na fila o embarque para os Estados Unidos, diz que vai voltar, que gostou do país. "Mas da próxima vez, aqui, só vou andar de ônibus, porque é melhor", diz ele.

Para a pesquisa encomendada pela Embratur, o instituto Vox Populi ouviu 2,4 mil turistas estrangeiros.

Disponível em: <http://g1.globo.com/Noticias/Brasil/0,,MUL59374-5598,00.html>. Acesso em: 23 nov. 2009.

**1.** Qual o assunto principal do texto?

( ) A opinião dos estrangeiros sobre o país.

( ) Os problemas na infraestrutura local para receber estrangeiros.

( ) A simpatia do povo brasileiro.

( ) A crise área.

( ) A qualidade da comida nacional.

**2.** De acordo com o texto, qual seria o significado das expressões em destaque nas frases a seguir? Relacione as duas colunas.

**a.** "Sem **falsa modéstia**" (1º parágrafo) ( ) exceto por

**b.** "a imagem da mulher brasileira que apareceu na cabeça dos **gringos**." (2º parágrafo) ( ) com orgulho

**c.** "**deu** maior símbolo: a bandeira brasileira foi a mais lembrada pelos visitantes estrangeiros." (4º parágrafo) ( ) o resultado foi

**d.** "**Tirando** a violência, o Brasil é demais" (5º parágrafo) ( ) estrangeiros

**3.** Cite alguns dos pontos positivos apontados pelos estrangeiros entrevistados sobre o Brasil.

______________________________________________

______________________________________________

**4.** Qual foi o ponto negativo do país citado na reportagem?

______________________________________________

**5.** Procure no texto ou faça uma pesquisa e coloque os artigos indefinidos *um, uma, uns, umas* diante das palavras a seguir.

| Artigos indefinidos |
|---|
| um/uma |
| uns/umas |

| | | |
|---|---|---|
| _______ dia | _______ hospedagem | _______ anos |
| _______ pesadelo | _______ rádio | _______ meses |
| _______ solução | _______ trabalho | _______ coisas |
| _______ sorrisos | _______ nariz | _______ origem |
| _______ amigos | _______ creme | _______ análise |

## Na ponta da língua

**1.** Você sabe os nomes das letras em português? Ouça e complete o quadro.

| Acentos e outros sinais | |
|---|---|
| Acento agudo [ ´ ] | Hífen: [ - ] |
| Acento circunflexo [ ^ ] | Ponto [ . ] |
| Acento grave (crase): [ ` ] | Vírgula [ , ] |
| Til: [ ~ ] | Ponto de interrogação [ ? ] |
| Travessão: [ – ] | Ponto de exclamação [ ! ] |

| A | B | C | D | E | F | G |
|---|---|---|---|---|---|---|
| ___ | ___ | ___ | ___ | ___ | ___ | ___ |
| **H** | **I** | **J** | **K** | **L** | **M** | **N** |
| ___ | ___ | ___ | ___ | ___ | ___ | ___ |
| **O** | **P** | **Q** | **R** | **S** | **T** | **U** |
| ___ | ___ | ___ | ___ | ___ | ___ | ___ |
| **V** | **W** | **X** | **Y** | **Z** | | |
| ___ | ___ | ___ | ___ | ___ | | |

DEPOIS DO NOVO ACORDO ORTOGRÁFICO, ASSINADO EM 2009, AS LETRAS K, W E Y PASSARAM A FAZER PARTE DO ALFABETO DA LÍNGUA PORTUGUESA, MAS SÃO USADAS SOMENTE EM PALAVRAS DE ORIGEM ESTRANGEIRA E NOMES PRÓPRIOS.

**2.** Agora que você já conhece as letras do alfabeto, ouça os diálogos e escreva os nomes soletrados.

Diálogo 1: ____________________

Diálogo 2: ____________________

Diálogo 3: ____________________

**3.** Trabalhe com um(a) colega. Você vai soletrar seu nome e sobrenome e ele(a) vai anotar. Depois, invertam as posições.

Nome(s): ____________________

Sobrenome(s): ____________________

Apelido: ____________________

| Nome (o seu primeiro nome): | *José Antônio* |
|---|---|
| Sobrenome (o nome de sua família): | *Alves* |
| Apelido (nome usado somente pelos amigos ou familiares): | *Zé* |

**4.** Você sabe...

... com quantos anos os brasileiros já podem votar?

... quantos títulos de Fórmula 1 o Brasil já ganhou?

... quantas vezes o Brasil já foi campeão mundial de futebol?

... quantas capitais o Brasil já teve?

... quantos estados o Brasil tem?

© Getty Images/Getty Images Sport/Staff/Pascal Rondeau

© Pulsar Imagens/Juca Martins

© Getty Images/ Bongarts/Staff/Lutz Bongarts

© Dreamstime.com/Bevaneard

OS NUMERAIS "UM" E "DOIS" TAMBÉM POSSUEM UMA FORMA FEMININA, "UMA" E "DUAS"

**5.** Você conhece os números em português? Ouça e repita. Depois complete o quadro a seguir.

| | | | | | | | |
|---|---|---|---|---|---|---|---|
| 0 | | 11 | | 22 | | 200 | |
| 1 | | 12 | | 30 | | 300 | |
| 2 | | 13 | | 40 | | 400 | |
| 3 | | 14 | | 50 | | 500 | |
| 4 | | 15 | | 60 | | 600 | |
| 5 | | 16 | | 70 | | 700 | |
| 6 | | 17 | | 80 | | 800 | |
| 7 | | 18 | | 90 | | 900 | |
| 8 | | 19 | | 100 | | 1 000 | |
| 9 | | 20 | | 101 | | 1 000 000 | |
| 10 | | 21 | | 102 | | | |

**6.** Você já jogou bingo? Escreva com a caneta 6 números de 1 a 99 na cartela ao lado, e participe. Quando os seus números forem sorteados, diga: "Bingo!" Se ninguém acertar os 5 números, ganha quem fizer mais pontos.

**7.** Ouça os diálogos e anote os números de telefone mencionados.

**a.** 42268072 **c.** 98820783 **e.** 91208472

**b.** 55673211 **d.** 88794536 **f.** 44466678

## De ouvidos abertos

**1.** Em português, a letra **e** pode ser pronunciada com um som aberto ou fechado. Veja os exemplos.

| Som "fechado" | Som "aberto" |
|---|---|
| [e] = e, ê | [ɛ] = e, é |
| três | dez |

**2.** Ouça as palavras a seguir e assinale a coluna correta, indicando quando o som do **e** é fechado ou aberto.

| | [e] (fechado) | [ɛ] (aberto) |
|---|---|---|
| **a.** este | ✓ | |
| **b.** esta | | ✓ |
| **c.** meu | ✓ | |
| **d.** é | | ✓ |
| **e.** completa | | ✓ |
| **f.** diversidade | ✓ | |
| **g.** aberto | | ✓ |
| **h.** seis | ✓ | |
| **i.** modéstia | | ✓ |
| **j.** você | ✓ | |

**3.** Agora, prestando atenção nos sons de **e**, repita as palavras do quadro anterior.

**4.** Ouça as frases e circule as sílabas em que aparece o som de **e** aberto.

**a.** Preciso fazer dieta.

**b.** O povo é o melhor do país.

**c.** A academia fez novas descobertas recentes.

**d.** A melhor festa nacional é o carnaval.

**e.** Ela espera voltar ao Brasil.

## Fique ligado

**1.** Você vai ouvir uma música de um cantor brasileiro Jorge Ben, chamada *País tropical*. Marque os trechos da letra que descrevem um brasileiro comum.

## País tropical

Composição: Jorge Ben / Wilson Simonal

Moro num país tropical,
abençoado por Deus
E bonito por natureza,
mas que beleza
Em fevereiro (em fevereiro)
Tem carnaval (tem carnaval)
Tenho um fusca e um violão
Sou Flamengo
Tenho uma nega
Chamada Tereza
Sambaby
Sambaby
Sou um menino de mentalidade mediana
Pois é, mas assim mesmo sou feliz da vida
Pois eu não devo nada a ninguém
Pois é, pois eu sou feliz
Muito feliz comigo mesmo
Moro num país tropical,
Sou Flamê
Tê uma nê
Chamá Terê
Sou Flamê

Tê uma nê
Chamá Terê
Do meu Brasil
abençoado por Deus
E bonito por natureza,
mas que beleza

Em fevereiro (em fevereiro)
Tem carnaval (tem carnaval)
Tenho um fusca e um violão
Sou Flamengo
Tenho uma nêga
Chamada Tereza
Sambaby
Sambaby

Eu posso não ser um *band leader*
Pois é, mas assim mesmo lá em casa
Todos meus amigos, meus camaradinhas me respeitam
Pois é, essa é a razão da simpatia
Do poder, do algo mais e da alegria
Sou Flamengo
E tenho uma nêga
Chamada Tereza
Sou Flamengo
E tenho uma nêga
Chamada Tereza

- *Fusca*: é nome brasileiro do carro VW Beetle;
- *Nega*: gíria para negra, mulher afro-descendente.
- *Flamengo*: é um time de futebol carioca.
- *Sambaby*: é um termo inventado pelo autor. Trata-se da fusão das palavras "samba" e "baby".

BEN, Jorge. SIMONAL, Wilson. Jorge Ben. *Jorge Ben*. Rio de Janeiro: Philips, 1969. 1 LP; estéreo.

**2.** Você concorda com este estereótipo apresentado pela canção? Como é um brasileiro para você?

**3.** Em seu caderno, escreva algumas características de um típico habitante de seu país.

**4.** Faça uma versão adaptada para o seu país dos versos a seguir.

**a.** "Moro num país tropical": ____________________

**b.** "Em fevereiro tem carnaval": ____________________

**c.** "Tenho um fusca e um violão": ____________________

**d.** "Tenho uma nega chamada Tereza": ____________________

**e.** "Sou Flamengo": ____________________

# 2 A hora é essa!

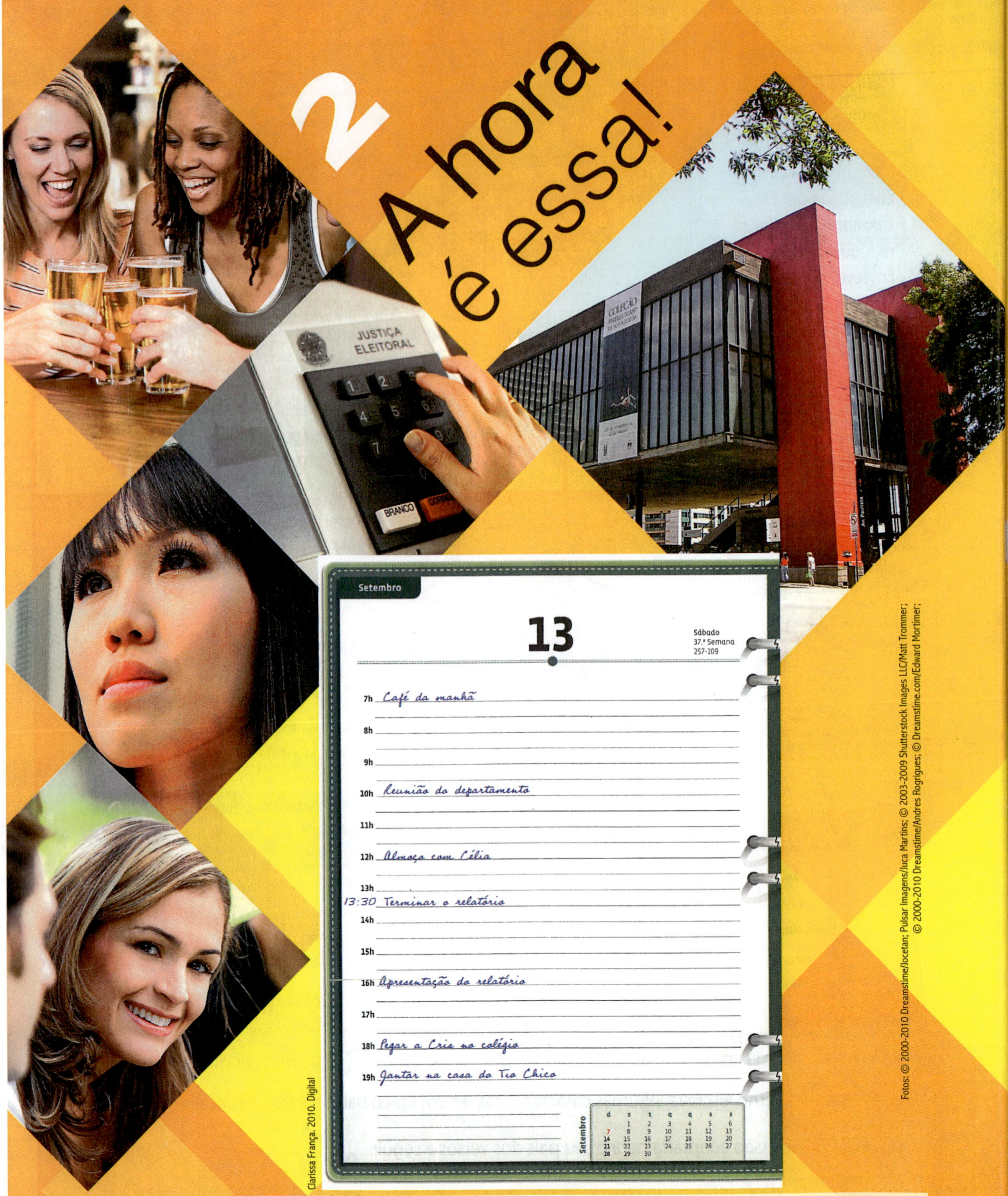


Clarissa França. 2010. Digital

Fotos: © 2000-2010 Dreamstime/Jocetan; Pulsar Imagens/Juca Martins; © 2003-2009 Shutterstock Images LLC/Matt Trommer; © 2000-2010 Dreamstime/Andres Rogrigues; © Dreamstime.com/Edward Mortimer;

- Como o seu dia costuma ser? Quais são seus compromissos diários?
- O seu dia é parecido com o que está descrito na agenda?
- Qual é o melhor dia da semana para você? Por quê? E qual é o pior?
- E qual é a melhor hora do seu dia? O que você faz?

## Na ponta da língua

**1.** Você sabe como pedir e dizer as horas? Ouça o áudio e indique qual diálogo menciona aos horários abaixo.

( ) ( )

( ) ( )

André Muller. 2010. 9 ilustração. Digital

( ) ( ) ( ) ( )

**2.** Ouça as gravações e preencha o quadro com as informações corretas.

| Nome das pessoas | Destino | Horário | Portão de embarque |
|---|---|---|---|
| a. | | | |
| b. | | | |

**3.** Ouça novamente os diálogos e marque todos os horários mencionados.

Diálogo a: ____________ Diálogo b: ____________

| NO DIA A DIA | EM SITUAÇÕES FORMAIS |
|---|---|
| ÀS 7 DA MANHÃ | = ÀS 07 HORAS |
| ÀS 4 DA TARDE | = ÀS 16 HORAS |
| ÀS 9 DA NOITE | = ÀS 21 HORAS |
| À MEIA NOITE | = À ZERO HORA |
| AO MEIO-DIA | = ÀS 12 HORAS |

4. Siga o modelo a seguir e pratique com um colega como dizer os horários.

Você tem horas, por favor?

Cinco e quarenta ___ Vinte para as seis ___

Quinze para as cinco

Meia-noche e meia

Vinte para as duas

Cinco para as oito

nove e trinta e cinco

André Muller. 2010. 9 ilustração. Digital

Três e quinze

Vinte para a uma
Doze e quarenta

meio-dia e meia
Doze e trinta

5. Agora, preencha a seguinte agenda com as atividades do seu dia a dia. Se desejar, utilize as tarefas sugeridas a seguir.

- Fazer ginástica
- Correr
- Ir à reunião
- Almoçar com os colegas
- Jantar com a família
- Fazer a tarefa
- Assistir à televisão
- Arrumar a casa
- Ir ao balé
- Ir à aula de piano
- Encontrar os amigos

| | segunda-feira | terça-feira | quarta-feira | quinta-feira | sexta-feira | sábado | domingo |
|---|---|---|---|---|---|---|---|
| 7:00 | Ler Rezar | fazer exercisio | | | | Trabalhar no jardim | |
| ~~10:00~~ 9:00 | Reunião ou | tarefas do | conselho | | | limpar lavar | misa |
| 12:00 | Almoço | em | casa | | | almoço | |
| 14:00 | Trabalho | no | escritorio | | | | |
| 16:00 | Tarefas | ---- | ---- | ---- | ---- | assistir filmes | |
| 18:00 | Janta | em | casa | | | ler | |
| 20:00 | oracão | comunitaria | | | | pasar | |

Clarissa França. 2010. Digital

6. Agora, escreva em seu caderno como é a sua rotina e, em seguida, conte para os colegas.

7. Observe as estações do ano e, ao lado de cada época, coloque os meses correspondentes a esse período.

JANEIRO
FEVEREIRO
MARÇO
ABRIL
MAIO
JUNHO
JULHO
AGOSTO
SETEMBRO
OUTUBRO
NOVEMBRO
DEZEMBRO

_______________, _______________ e _______________

_______________, _______________ e _______________

_______________, _______________ e _______________

_______________, _______________ e _______________

a. Em seu caderno, escreva contando o que você costuma fazer nessas estações.

TODO DIA/TODOS OS DIAS
SEMPRE
QUASE SEMPRE/
QUASE TODOS OS DIAS

ÀS VEZES
RARAMENTE
NUNCA

## Tire de letra

Uma pesquisa recente procurou definir como é o brasileiro de hoje. Leia o texto e descubra se ele se parece com o que você imagina. Depois da leitura, discuta e responda às questões.

http://revistaepoca.globo.com/Revista/Epoca/0,,EDG70422-6014,00 O+BRASILEIRO+EM+NUMEROS.html

### O Brasileiro em números

O brasileiro da metrópole tem uma nova cara e uma atitude diferente diante da vida. Rico, classe média ou pobre, **está** mais seletivo no consumo, sonha ter um negócio próprio, é otimista, caseiro, orgulha-se do país em que **vive**, abomina o jeitinho e a malandragem. Ele **lê** mais e **bebe** menos do que se costuma imaginar, se revela menos machista que outros latino-americanos e, diferente do estereótipo de quem "gosta de levar vantagem em tudo", é solidário, trabalha duro e se considera um "batalhador".

Em 1940, 80% da população vivia nas áreas rurais, hoje **ocorre** exatamente o oposto. Segundo o IBGE, 81% **estão** em centros urbanos, o que qualifica o Brasil como um dos países mais urbanizados do planeta.

Os números encontrados **permitem** algumas conclusões surpreendentes. O Brasil é, por exemplo, o país menos machista da América Latina. Por aqui, o número de casais que não se importam em ter filhos já supera o dos que só consideram completa uma família com crianças. E outra curiosidade: é pequeno o número dos que deixariam de trabalhar se ganhassem na loteria.

O habitante das cidades brasileiras [...] na média tem 1,66 metro, o que **parece** pouco, mas são 2 centímetros a mais que há duas décadas. E **pode** melhorar. O peso médio do brasileiro hoje **está** em 66,5 quilos. A batalha contra a desnutrição não foi ganha, mas tem sido bem-sucedida. Se 4% da população **sofre** de déficit alimentar, 41% estão acima do peso. E 12% são tecnicamente obesos.

Em geral, o brasileiro se **define** como um "batalhador". Um levantamento listou os oito valores mais caros ao povo, por ordem de importância: trabalho, honestidade, amizade, solidariedade, humildade, romantismo, alegria e competências (como inteligência e talento). Os entrevistados foram convidados a escolher entre três perfis qual melhor definiria o brasileiro. Apenas 16% apontaram "empreendedor", o tipo mais audaz e que gosta de ganhar dinheiro. Boa parte (41%) escolheu o perfil "gente boa", que tem a família como base para suas realizações, encara seus problemas com tranquilidade e, mesmo quando sem religião, considera a fé em Deus fundamental. A maioria (43%), porém, votou no perfil "contemplativo" – um tipo que não se preocupa com o futuro, procura viver o presente da melhor forma possível, não gosta de correr riscos, não se importa com o dinheiro e não persegue a realização pessoal.

**QUEM DÁ DURO**

*O brasileiro é um dos povos que mais trabalham no mundo. Veja o ranking (em número de horas/por semana)*

| | | |
|---|---|---|
| 1º | China | 47 |
| 2º | Índia | 46,5 |
| 3º | México | 44 |
| 4º | Japão | 42 |
| 5º | Brasil | 41,8 |
| 6º | Grécia | 41 |
| 7º | EUA | 40,5 |
| 8º | Uruguai | 40,5 |
| 9º | Alemanha | 40 |
| 10º | Inglaterra | 39,6 |

© Dreamstime.com/Alexeys; © Dreamstime.com/Thefinalmiracle; © Dreamstime.com/Yellowcrest; Dreamstime.com/Creatista; © Dreamstime.com/Iofoto; © Dreamstime.com/Andresr

Não é exagero dizer que os brasileiros estão entre os povos mais religiosos do mundo, inclusive como praticantes. Um em cada quatro frequenta algum templo ou igreja semanalmente . O otimismo e a esperança **estão** em alta. Para 80%, a vida será melhor no futuro; para 63%, a vida é melhor agora do que era antes. Uma característica que independe do nível de instrução e da origem geográfica é a solidariedade. Apenas 10% concordam com a sentença "o importante é cada um por si". Nada menos que 80% discordam de afirmações como "se eu fosse político, ajudaria primeiro os meus amigos"; enquanto 84% concordam com a frase "as pessoas deveriam ajudar mais a resolver os problemas sociais".

O Brasil é um país machista? Talvez, mas não se destaca neste quesito quando comparado a seus vizinhos latino-americanos, segundo estudo realizado com 55 mil pessoas em oito países. As premissas "homem não chora" e "lugar de mulher é em casa" são rejeitadas pela maioria dos brasileiros do sexo masculino. Os brasileiros também são os que mais aceitam realizar trabalhos domésticos, enquanto os argentinos são os que menos encaram esse tipo de tarefa. Aqui, 76% acreditam que a mulher deve trabalhar fora.

LIMA, Luiz Otavio. *O brasileiro em números.* Disponível em: <http://revistaepoca.globo.com/Revista/Epoca/0,,EDG70422-6014,00 0+BRASI-LEIRO+EM+NUMEROS.html>. Acesso em: 02 dez. 2009. (adaptação)

**1.** Com base no que você leu no texto sobre o brasileiro, assinale com (V) as afirmativas corretas e (F) as falsas.

( ) É mais seletivo no consumo.
( ) Não é machista.
( ) Sonha ter um negócio próprio.
( ) Acredita que as melhores oportunidades de trabalho estão fora do país.
( ) Diferente do que se pensava, não bebe.
( ) É solidário, trabalha duro e se considera um "batalhador".

**2.** Imagine que a pesquisa também foi feita em seu país. Quais são as características do seu povo? Que características são parecidas com as dos brasileiros?

______________________________________________

______________________________________________

**3.** Relacione as colunas para descobrir qual o significado das palavras em destaque, conforme o seu uso no texto.

a. "**abomina** o jeitinho e a malandragem." (1º parágrafo)

b. "o número de casais que não se importam em ter filhos já **supera** o dos que só consideram completa uma família com crianças." (3º parágrafo)

c. "Um levantamento listou os oito valores mais **caros** ao povo" (5º parágrafo)

d. "As **premissas** 'homem não chora' e 'lugar de mulher é em casa" (7º parágrafo)

e. "são **rejeitadas** pela maioria dos brasileiros." (7º parágrafo)

( ) afirmações

( ) importantes

( ) não gosta

( ) não são aceitas

( ) é maior

**4.** Por que o texto afirma "O otimismo e a esperança estão em alta."?

________________________________________

________________________________________

________________________________________

________________________________________

**Pronomes interrogativos POR QUE e PORQUE**

**POR QUE**: é usado em início de perguntas.

**PORQUE**: é usado no início de respostas.

## Tintim por tintim

# Verbos no presente

Observe que ao longo do texto *O brasileiro em números* há vários verbos em destaque. Todos esses verbos estão no presente. Vamos aprender a conjugá-los?

### Verbos regulares terminados em -ER

Conjugue os outros verbos seguindo o modelo.

| | VIVER | BEBER | ENTENDER | ESCREVER |
|---|---|---|---|---|
| Eu | viv**o** | | | |
| Você<br>Ele/Ela<br>A gente | viv**e** | | | |
| Nós | viv**emos** | | | |
| Vocês<br>Eles/Elas | viv**em** | | | |

### Verbos regulares terminados em -IR

Conjugue os outros verbos seguindo o modelo.

| | PERMITIR | ABRIR | DIVIDIR | PARTIR |
|---|---|---|---|---|
| Eu | permit**o** | | | |
| Você<br>Ele/Ela<br>A gente | permit**e** | | | |
| Nós | permit**imos** | | | |
| Vocês<br>Eles/Elas | permit**em** | | | |

### Verbos irregulares

| | ESTAR | IR | FAZER | PODER | QUERER | LER |
|---|---|---|---|---|---|---|
| Eu | estou | vou | faço | posso | quero | leio |
| Você<br>Ele/Ela<br>A gente | está | vai | faz | pode | quer | lê |
| Nós | estamos | vamos | fazemos | podemos | queremos | lemos |
| Vocês<br>Eles/Elas | estão | vão | fazem | podem | querem | leem |

**1.** Agora, observe a rotina do Dr. Manuel e escreva um texto contando o que acontece durante o dia dele.

Laqua. 2010. 8 ilustração. Digital

14 **2.** Conjugue os verbos entre parênteses e complete o diálogo. Depois, ouça a gravação e confira.

– Oi, Dora! Tudo bem?

– Oi, Val! Tudo bem e você, como (estar) esta ?

– (estar) estou ótima. Por que não (sair) saimos na quarta à noite?

– Puxa vida, não (poder) posso .

– Por que não?

– Olha só como (estar) esta a minha vida: todo dia, eu (acordar) acordo às seis horas, (comer) como alguma coisa, me (vestir) visto e (ir) vou para a academia. (Ficar) fico lá das sete às oito. Às oito e meia (entrar) entro no trabalho. Aí ao meio-dia e meia eu (ter) tenho uma hora de aula do intensivo de alemão, por causa do trabalho. (almoçar) almoço correndo e às duas (voltar) volto para o escritório. Às seis e meia (sair) saio do trabalho e, às sete, (pegar) pego a minha sobrinha no balé e a (deixar) deixo na casa da minha irmã, que (ficar) fica bem perto, e é caminho para mim. (chegar) Chego em casa quase às 8 da noite. (comer) como alguma coisa, (tomar) tomo um banho, (jantar) janto, (ver) vejo um pouco de televisão, (fazer) faço minha lição de alemão, ou então (ler) leio alguma coisa. Às dez e meia da noite eu me (deitar) deito. (estar) estou quase louca!

– Nossa, você (precisar) precisa parar um pouco mesmo. (ter) Tem certeza de que não (querer) quer vir mesmo?

– Hum... (poder) posso ligar para você na quarta à tarde? (existir) existe uma chance de eu entrar um pouco mais tarde no trabalho na quinta de manhã...

– Combinado! (esperar) espero você ligar!

André Muller. 2010. Digital

**3.** Anote no quadro ao lado as informações do dia de Dora usando os verbos na 3ª pessoa.

Clarissa França. 2010. Digital

| Horário | | Horário | |
|---|---|---|---|
| 06 h 00 | Come | 15 h 00 | |
| *06 h 30* | | *15 h 30* | |
| 07 h 00 | | 16 h 00 | |
| *07 h 30* | | *16 h 30* | |
| 08 h 00 | | 17 h 00 | |
| *08 h 30* | | *17 h 30* | |
| 09 h 00 | | 18 h 00 | |
| *09 h 30* | | *18 h 30* | |
| 10 h 00 | | 19 h 00 | |
| *10 h 30* | | *19 h 30* | |
| 11 h 00 | | 20 h 00 | |
| *11 h 30* | | *20 h 30* | |
| 12 h 00 | | 21 h 00 | |
| *12 h 30* | | *21 h 30* | |
| 13 h 00 | | 22 h 00 | |
| *13 h 30* | | *22 h 30* | |
| 14 h 00 | | 23 h 00 | |
| *14 h 30* | | *23 h 30* | |

**Antes de, depois de, depois que**

Antes de/depois de + verbo no infinitivo

Depois que + verbo conjugado

**4.** Agora que conhecemos a rotina de Dora, podemos descrevê-la de outro jeito. Responda às perguntas seguindo o modelo.

Ex.: Quando Dora vai para a academia? ***Antes de entrar*** *no trabalho.*

**a.** Quando ela tem aula de alemão? Antes de almoçar.

**b.** Quando ela almoça? Depois de ter a aula de alemão

**c.** Quando ela deixa a sobrinha em casa? Depois de sair do trabalho

**d.** Quando ela lê alguma coisa? Antes de deitar.

**5.** Vamos continuar falando da rotina de Dora. Siga o modelo e responda às perguntas.

Ex.: Quando Dora entra no trabalho?

***Depois de ir*** *para a academia.* ***Depois que vai*** *para a academia.*

**a.** Quando ela almoça?

Depois de ir a aula de alemão

**b.** Quando ela volta para o escritório?

Depois de almoçar.

**c.** Quando ela deixa a sobrinha em casa? Depois de sair do trabalho.

**d.** Quando ela janta? Depois de tomar um banho.

**6.** Conte 5 coisas que você faz no seu dia a dia usando as locuções *antes de*, *depois de* e *depois que*.

**7.** O que você faz? Responda às perguntas usando os verbos no presente.

**a.** O que você faz quando não tem nada para fazer? Leio um dos livros que tenho começado de ler.

**b.** O que você faz quando quer cozinhar, mas falta um ingrediente? Não cozinho.

**c.** O que você faz quando está com sono, mas não pode dormir? Escuto a radio.

**d.** O que você faz quando decide ir viajar? __________

**e.** O que você faz quando quer ver um filme no cinema? __________

**f.** O que você faz quando precisa fazer uma pesquisa para a escola? __________

## De ouvidos abertos

**1.** A letra **o** tem, em português, um som aberto e outro fechado. Veja os exemplos.

| Som fechado | Som aberto |
|---|---|
| [o] = o, ô | [ɔ] = o, ó |
| doze | nove |

15

**2.** Ouça as palavras a seguir e assinale a coluna correta, indicando quando o som do **o** é fechado ou aberto.

| | [o] (fechado) | [ɔ] (aberto) |
|---|---|---|
| **a.** posso | | ✓ |
| **b.** hora | | ✓ |
| **c.** oito | ✓ | |
| **d.** almoço | ✓ | |
| **e.** almoço | | ✓ |
| **f.** tomo | ✓ | |
| **g.** nós | | ✓ |
| **h.** nos | ✓ | |
| **i.** gosto | | ✓ |
| **j.** Dora | | ✓ |

o almoço (sust)
eu almoço (verb)

eu gosto de (verb) (aberto)
gosto (sust) fechado

**3.** Ouça e pratique os sons da letra **o**. Em seguida, sublinhe as sílabas em que o som de **o** é aberto.

**a.** Eu almoço às 11 horas.

**b.** O almoço é de graça para as crianças.

**c.** Eu volto para o escritório à uma hora.

**d.** Eu tomo banho às 7 da manhã.

**e.** No domingo eu acordo às nove e meia.

## Mãos à obra

Escreva um texto contando como é a sua rotina ideal. Qual horário você acorda, o que faz para a saúde, quanto tempo trabalha ou estuda, onde gasta o tempo livre e assim por diante. Depois compare brevemente com a rotina que você leva.

## Fique ligado

As informações abaixo foram retiradas do *site* de uma universidade e foram preparadas para alunos de outras nacionalidades que vêm estudar no Brasil. Leia e discuta com o professor e seus colegas.

http://www.metodista.br/cmrc_noticias/informacoes/costumes-brasileiros

### Alguns costumes dos brasileiros

© Grupo Keystone/Jacques Alexandre

– Brasileiros se cumprimentam com beijos (geralmente dois) e abraços; homens não se beijam, mas, sim, apertam as mãos.

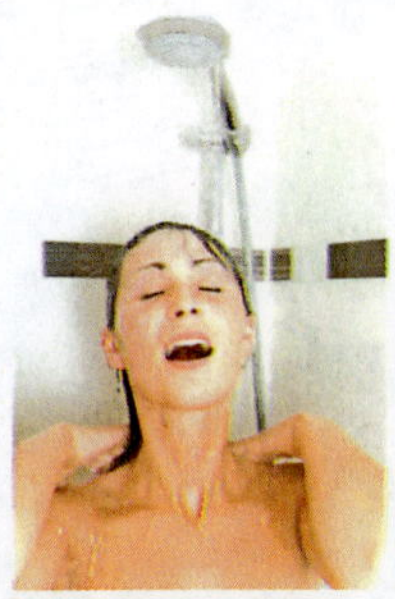
© Dreamstime.com/Tarragona

– Como o Brasil é um país tropical, onde faz muito calor, as pessoas tomam banho todos os dias, às vezes duas vezes por dia.

© 2003-2009 Shutterstock Images LLC/Infaustino

– É comum, depois do trabalho, as pessoas saírem para tomar a tradicional cerveja em algum *happy-hour*.

© 2003-2009 Shutterstock Images LLC/Monkey Business Images

– O churrasco é costume em muitas regiões do Brasil, acompanhado da caipirinha (bebida feita com cachaça, limão e açúcar).

Disponível em: <http://www.metodista.br/cmrc_noticias/informacoes/costumes-brasileiros/>. Acesso em: 10 jan. 2010. Adaptação.

**1.** Como as pessoas se cumprimentam em seu país?

**2.** Em seu país, as pessoas costumam tomar mais de um banho por dia?

**3.** O que as pessoas gostam de fazer depois do trabalho? Elas fazem um *happy hour*?

**4.** No Brasil, o churrasco é uma forma de os amigos se encontrarem não apenas para comer, mas para se divertir, conversar e passar várias horas juntos. Como é em seu país? As pessoas também fazem churrasco ou há alguma outra forma de as pessoas se reunirem para se divertir?

# 3 Bom apetite!

No Brasil, especialmente em grandes cidades, são muito comuns os "restaurantes por quilo": você se serve de todos os tipos de comida que desejar e paga pelo peso do seu prato. Nesta página, está o cardápio de um desses restaurantes. Você conhece algum destes pratos?

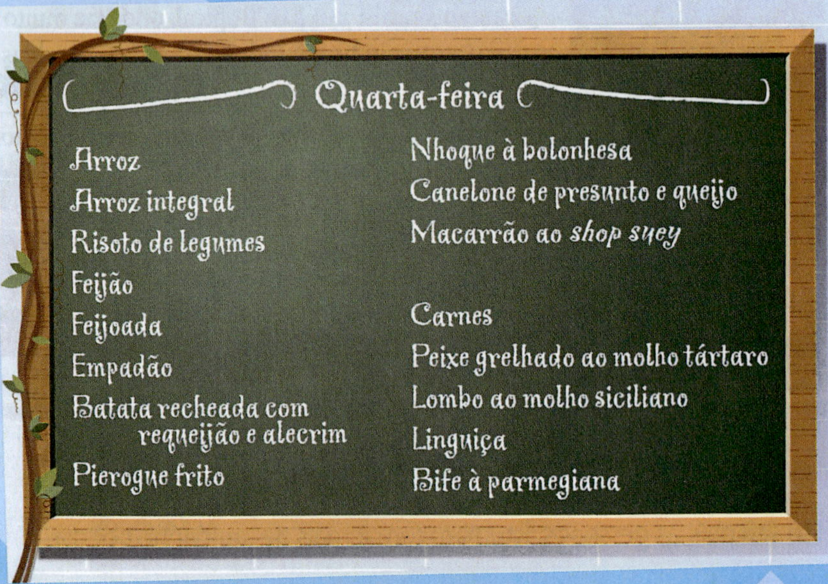


Clarissa França. 2010. Digital

Fotos: © Pulsar Imagens/Ismar Ingber; © 2003-2009 Shutterstock Images LLC/oznuroz; © Creative Commons/Helder Ribeiro; © Creative Commons/Helder Ribeiro

- Quais desses pratos você nunca encontra em seu país?
- A que tipo de restaurante você prefere ir?
- O que você costuma pedir quando vai ao restaurante?
- Qual a sua comida favorita?

## Na ponta da língua

**1.** Você sabe como fazer pedidos num restaurante? Ouça o diálogo de Hélio e Sílvia com um garçom e veja como se faz.

André Muller. 2010. Digital

- Hélio: Você vai gostar da comida daqui. E você pode pedir *à la carte* ou se servir no bufê, que é bem variado.
- Sílvia: Que ótimo.
- Hélio: Garçom!
- Garçom: Pois não?
- Hélio: Eu queria ver o cardápio, por favor.
- Garçom: Claro, senhor. Aqui está.
- Hélio: Qual é o prato do dia?
- Garçom: Hoje temos bife acebolado com arroz, feijão, batata-frita e salada de alface com tomate.
- Hélio: Eu vou querer o prato do dia, então.
- Garçom: E como vai querer o bife? Bem passado, mal passado ou ao ponto?
- Hélio: Bem passado, por favor.
- Garçom: Certo... E o mesmo para você?
- Sílvia: Não... o bufê é por quilo ou por pessoa?
- Garçom: É por quilo.
- Sílvia: Então eu vou me servir no bufê.
- Garçom: Muito bem. E o que vocês vão beber?
- Sílvia: Eu queria um suco de laranja.
- Hélio: E para mim um guaraná.
- Garçom: Pois não. Querem já pedir a sobremesa?
- Sílvia: Não ainda, obrigada.
- Garçom: Fiquem à vontade, eu já trago as bebidas.
- Hélio: Obrigado.

REFEIÇÃO - O CAFÉ DA MANHÃ, O ALMOÇO, O JANTAR, O LANCHE

CONTA - O CUSTO DE UMA REFEIÇÃO

GORJETA - DINHEIRO EXTRA PARA O GARÇOM PELO SERVIÇO

GARÇONETE - O FEMININO DE GARÇOM

**2.** Utilizando o cardápio da página de abertura, prepare um diálogo com um ou dois colegas: um será o garçom (ou a garçonete), e o(s) outro(s), o(s) cliente(s).

**3.** Ouça os pedidos dos clientes deste movimentado restaurante e marque na lista de pratos o número da mesa que faz o pedido.

Lista de pedidos nº_____

**Bebidas**
( ) suco de laranja
( ) suco de abacaxi
( ) guaraná
( ) soda
( ) cerveja
( ) uísque
( ) água com gás
( ) água sem gás
( ) vinho branco
( ) vinho tinto

**Carnes**
( ) bife acebolado
( ) bife à milanesa

**Saladas**
( ) salada mista
( ) salada de palmito
( ) salada de rúcula

**Guarnições**
( ) batata frita
( ) batata assada
( ) arroz
( ) feijão

**Peixe**
( ) filé de cação com fritas
( ) filé de linguado

**Massas**
( ) batata assada
( ) espaguete à bolonhesa
( ) espaguete quatro queijos
( ) lasanha quatro queijos
( ) lasanha à bolonhesa

**Sanduíches**
( ) *cheese*-salada
( ) *cheese burger*

Total:_____________________

André Muller. 2010. Digital

## De ouvidos abertos

**1.** A letra **s** pode representar, em português, o som [ s ], que é surdo, e também o som [ z ], que é sonoro. Veja os exemplos a seguir.

| Som surdo | Som sonoro |
|---|---|
| [s] = s, ss | [z] = s, z |
| salada, assado | mesa, fazer |

**2.** Ouça as palavras a seguir e assinale a coluna que indica se o som é surdo ou sonoro.

| | [s] | [z] |
|---|---|---|
| **a.** reserva | | |
| **b.** pessoa | | |
| **c.** passado | | |
| **d.** lasanha | | |
| **e.** dizer | | |
| **f.** milanesa | | |
| **g.** suco | | |
| **h.** trazer | | |
| **i.** resolver | | |
| **j.** soda | | |

**3.** Quando uma palavra termina com a letra **s** e a palavra seguinte começa com uma vogal, o **s** é pronunciado como [z]. Ouça e repita as frases a seguir procurando produzir os sons corretamente.

**a.** Queremos uma mesa para duas pessoas.

**b.** Eu queria fazer a reserva de duas mesas ao lado da janela.

**c.** Queremos duas lasanhas à bolonhesa .

**d.** O bife à milanesa deles é muito gostoso.

## Tire de letra

Agora, você vai ler um texto sobre as origens da feijoada, um dos pratos mais populares do Brasil. Depois da leitura, responda às questões.

http://g1.globo.com/Sites/Especiais/Noticias/0,,MUL1197792-16107,00.html

# Feijoada teve origem no século XIX com base em cozido feito por portugueses

Giovana Sanchez do G1, em São Paulo

© Folha Imagem/Ciete Silvério

"MULHER
VOCÊ VAI FRITAR
UM MONTÃO DE TORRESMO PRA ACOMPANHAR
ARROZ BRANCO, FAROFA E A MALAGUETA
A LARANJA-BAHIA OU DA SELETA
JOGA O PAIO, CARNE SECA, TOUCINHO NO CALDEIRÃO
E VAMOS BOTAR ÁGUA NO FEIJÃO."

A letra da música "Feijoada Completa", de Chico Buarque de Holanda, dá a receita de um dos pratos mais típicos do país: a mistura de feijão preto, pedaços de carne de porco, arroz, couve e farofa.

A feijoada apareceu por volta do fim do século XIX e logo ganhou a mesa de boa parte da população brasileira, adquirindo depois diversas versões, em diferentes regiões do país. O leitor já deve ter ouvido a história de que sua origem vem dos escravos, que misturavam os restos das carnes dadas pelos senhores com a farofa.

No entanto, os registros históricos contam outra versão. "O mito modernista é de que os escravos foram uma fonte importante da culinária brasileira. Tenho minhas dúvidas, pois onde não há liberdade não há desenvolvimento culinário. Eles comiam uma ração, determinada pelos senhores, cujo traço fundamental era ser barato", explicou ao **G1** Carlos Alberto Dória, doutor em sociologia e autor de "Formação da Culinária Brasileira", entre outros.

A mais provável origem do prato é o cozido europeu, que já fazia a mistura de tipos de carnes. Os portugueses reproduziram a receita usando o feijão preto, que era uma base importante da alimentação no Brasil da época. "A tradição europeia do cozido foi provavelmente adaptada, criando a feijoada, que passou a ser servida para camadas mais gerais da população", explica o professor da USP e especialista em história da alimentação Henrique Carneiro.

"O que chamamos 'feijoada' é uma solução europeia elaborada no Brasil. [...] A feijoada, simples ou completa, é o primeiro prato brasileiro em geral", escreveu Câmara Cascudo no livro "História da alimentação no Brasil".

Então, por que se ouve tanto a história de que a feijoada foi criada por escravos? Dória responde que "a simbologia é de um prato miscigenado, como se a nossa culinária fosse fruto de 'contribuições' de índios, negros e brancos. O papel desse mito é apagar da nossa memória de nação as relações de dominação que presidiram o conjunto: o branco senhor, o negro escravo, o índio massacrado. Na feijoada, se esquece tudo isso, não é?"

E o costume de comer o prato todas as quartas-feiras e sábados? "Provavelmente foi um hábito firmado pelos hotéis cariocas, que tiveram uma demanda popular que acabou fixando o prato no cardápio semanal", explica o especialista Dória.

Sanchez, Giovana. *Feijoada teve origem no século XIX com base em cozido feito por portugueses.* Disponível em: <http://g1.globo.com/Sites/Especiais/Noticias/0,,MUL1197792-16107,00.html>. Acesso em: 1º dez. 2009.

**por + artigos definidos**
por + o (s) = pelo (s)
por + a (s) = pela (s)

*Culinária*: a arte de cozinhar.
*Culinário*: relativo à culinária.
*Traço*: característica.
*Ração*: porção de alimento; termo geralmente usado para comida dada a animais.

*Miscigenado*: resultado da mistura de raças.
*Firmado*: estabelecido.
*Demanda*: procura, busca.

1. Sublinhe no texto as palavras que indicam ou parecem indicar nomes de comidas.

2. Você já comeu feijoada? Se a resposta é sim, qual a sua opinião? Se não, você comeria? Por quê?

_______________________________________________

_______________________________________________

3. De acordo com o texto, qual é a origem "mítica" da feijoada?

_______________________________________________

_______________________________________________

4. E qual é a origem mais provável?

_______________________________________________

_______________________________________________

5. Por que a feijoada é tradicionalmente servida às quartas-feiras e sábados?

_______________________________________________

_______________________________________________

6. O sociólogo Carlos Alberto Dória fala sobre um mito. Que mito é esse? Qual a sua função mito?

_______________________________________________

_______________________________________________

7. A feijoada é um dos pratos mais populares do Brasil. Qual é o prato mais popular de seu país?

_______________________________________________

8. Reescreva as palavras em destaque, mantendo o mesmo significado encontrado no texto. Se necessário, utilize um dicionário.

a. "[...] e **logo** ganhou" (2º parágrafo): ____________________

b. "**No entanto** [...]" (3º parágrafo): ____________________

c. "[...] **pois** onde não há liberdade [...]" (3º parágrafo): ____________________

d. "[...] **provavelmente** adaptada [...]" (4º parágrafo): ____________________

# Pão de queijo

© Pulsar Imagens/Ismar Ingber

O pão de queijo é uma especialidade brasileira muito popular no país, especialmente no estado de Minas Gerais. Veja como ele é feito: é simples e é uma delícia!

Pão de queijo. Disponível em: <http://www.livrodereceitas.net/queijos/quei1584.htm>. Acesso: 20 jan. 2010.

| PARA BEBIDAS | PARA COMIDAS | TALHERES |
|---|---|---|
| o copo | o prato | a colher |
| a taça | a travessa | a faca |
| a xícara | a bandeja | o garfo |

## Pão de queijo

### Ingredientes

½ colher (de sopa) rasa de fermento em pó
200 gramas de queijo parmesão ralado grosso
1 prato fundo de queijo Minas curado ralado
1 ovo grande ou 2 ovos pequenos
1 prato fundo de polvilho azedo
100 gramas de manteiga
1 pitada de sal
Leite

### Modo de preparo

Numa vasilha, colocar o polvilho e escaldar com leite bem quente. Misturar os outros ingredientes e leite frio até o ponto de enrolar. O fermento deve ser o último ingrediente a ser acrescentado. Enrolar os pães de queijo e colocar em forma untada com óleo. Levar para assar em forno previamente aquecido.

**9.** Associe as colunas e descubra mais alguns termos relacionados à mesa.

**a.** um copo de
**b.** uma fatia de
**c.** um prato de
**d.** uma colherada de
**e.** um pote de
**f.** uma pitada
**g.** um pedaço
**h.** uma taça
**i.** uma porção
**j.** uma xícara

( ) de café
( ) de vinho
( ) de carne
( ) pão
( ) de batatas fritas
( ) açúcar
( ) geleia
( ) feijoada
( ) de chá

( ) suco
( ) de azeitonas
( ) de sal
( ) água
( ) macarrão
( ) *pizza*
( ) sorvete
( ) bolo

**10.** Classifique os seguintes alimentos por sabor. Há um exemplo em cada coluna para ajudar.

André Muller. 2010. 4 ilustração. Digital

| | |
|---|---|
| geleia | laranja |
| agrião | sal |
| abacate | rúcula |
| açúcar | cebola |
| *bacon* | vinagre |
| bolo | lasanha |
| alho | feijoada |

| SALGADO | DOCE | AMARGO | AZEDO |
|---|---|---|---|
| pão de queijo | chocolate | café | limão |
| sal | geleia | rúcula | |
| feijoada | bolo | alho | vinagre |
| lasanha | açúcar | abacate | |
| bacon | | agrião | |
| | | | |

**11.** Faça uma pesquisa e, em seu caderno, copie outra receita típica do Brasil.

## Mãos à obra

Imagine que você vai ao Brasil visitar sua amiga Adriana, e ela lhe mandou o *e-mail* a seguir:

De: adriana@net.com

Para: viva@net.com

Oi, ______________ !(seu nome)

Td bem? Como estão os preparativos para a viagem?

Aqui no Brasil, eu e minha família estamos nos preparando para receber vc. Queremos que se sinta em casa, por isso precisamos saber o que vc gosta de comer no café da manhã, no almoço e no jantar, e também queremos saber quais são as comidas de que NÃO gosta.

Esperamos a sua resposta!

Abrax,

Adriana

Responda o *e-mail* de Adriana com as informações de que ela precisa. Abaixo estão os nomes de algumas comidas para ajudar a você a responder.

De: viva@net.com

Para: adriana@net.com

| CAFÉ DA MANHÃ | | AS FRUTAS | | AS VERDURAS E OS LEGUMES | OS TEMPEROS |
|---|---|---|---|---|---|
| o café | o biscoito doce | o abacate | o mamão | o agrião | o alho |
| o leite | a bolacha salgada | o abacaxi | a melancia | a alface | o azeite (de oliva) |
| o bolo | o chocolate | a banana | o melão | a berinjela | a cebola |
| o queijo | os cereais | a cereja | o morango | a beterraba | a pimenta |
| o presunto | a geleia | a laranja | o pêssego | o brócolis | o sal |
| o *bacon* | o ovo | o limão | a tangerina | a cenoura | o vinagre |
| o pão | a margarina | a maçã | a uva | a couve | o manjericão |
| | a manteiga | | | o pimentão | o orégano |
| | | | | a rúcula | |
| | | | | o tomate | |

## Tintim por tintim

# Tudo, todo, toda, todos, todas

No texto *Feijoada teve origem no século XIX com base em cozido feito por portugueses* encontramos as seguintes frases:

"E o costume de comer o prato todas as quartas-feiras e sábados?"
"Na feijoada, se esquece tudo isso, não é?"
"É impossível comer feijoada todo dia!"
"É impossível comer feijoada o dia todo!"

**1.** Observando os exemplos, como usar *tudo* ou *todo(a)* e *todos(as)*? Monte o quadro com as regras:

| | |
|---|---|
| **TUDO** | Ela estudo muito mas na hora do examen esqueceu tudo. Eu tiro tudo, não deixe nada. Tudo o que eu tenho, eu compre. Tudo isso? |
| **TODO(A)** | Eu li todo o livro. |
| **TODOS (AS)** | Eles pegaram todos os livros. Todas as tardes ela lê um dos livros. Todos os meninos estaban muito agasa ados. |

**2.** Complete as frases com *tudo* ou *todo(a)* e *todos(as)*

**a.** Aqui todos os vinhos são baratos.

**b.** Aqui tudo é caro.

**c.** Você vai comer toda esta comida?

**d.** Eu vou beber o suco todo.

**e.** Eu quero provar todas as massas.

**f.** A carne está toda queimada!

**3.** Responda usando *tudo* ou *todo(a)* e *todos(as)*, como no exemplo.

Ex.: Quantas pessoas da empresa estão na festa? *Todas as pessoas da empresa estão na festa.*

**a.** Quais livros desse escritor devemos comprar? devemos comprar todos

**b.** Ele sabe muito sobre o assunto? Sim, ele sabe tudo.

**c.** Você tem muitos CDs deste cantor? Tenho todos?

**d.** O que é bom nesse restaurante? Tudo.

## Futuro composto

Observe o trecho ao lado, retirado da letra da música *Feijoada completa*, de Chico Buarque.

Os verbos destacados indicam futuro. Veja como construir essa estrutura:

André Muller. 2010. Digital

| Verbo ir no presente + verbo principal no infinitivo | | |
|---|---|---|
| | **IR (PRESENTE)** | **VERBO PRINCIPAL** |
| Eu | vou | almoçar<br>jantar<br>comer<br>beber<br>querer |
| Você/Ele/Ela/A gente | vai | |
| Nós | vamos | |
| Vocês/Eles/Elas | vão | |

EVITE A REPETIÇÃO "EU **VOU IR** PARA CASA."
É MAIS ACONSELHÁVEL USAR APENAS "EU VOU PARA CASA".

"Mulher
Você **vai fritar**
Um montão de torresmo pra acompanhar
Arroz branco, farofa e a malagueta
A laranja-bahia ou da seleta
Joga o paio, carne seca, toucinho no caldeirão
E **vamos botar** água no feijão."

Sanchez, Giovana. *Feijoada teve origem no século XIX com base em cozido feito por portugueses.* Disponível em: <http://g1.globo.com/Sites/Especiais/Noticias/0,,MUL1197792-16107,00.html>. Acesso em: 01 dez. 2009.

**1.** Faça uma lista com cinco coisas que você vai fazer depois de sair da aula.

**2.** Complete as frases com os verbos do quadro conjugados no futuro composto.

| beber | querer | encontrar |
|---|---|---|
| almoçar | pagar | |

**a.** A Júlia e a Nara não ________ conosco.

**b.** Você acha que ________ todo esse suco?

**c.** Nós ________ a conta com cartão de crédito.

**d.** Bom dia! O que as senhoras ________ para beber?

**e.** Nossa! Estou atrasado! Eu ________ minha namorada daqui a 15 minutos!

**3.** Transforme as frases para o futuro, como no exemplo.

Todo dia eu trabalho das 9 às 6. *Amanhã, eu vou trabalhar das 9 às 6.*

**a.** Todo dia eu almoço em casa. ________

**b.** Todos os dias eu trago um lanche. ________

**c.** Todo dia ela diz que está cansada. ________

**d.** Todos os dias nós fazemos as mesmas coisas. ________

**e.** Todos os dias ela lê antes de dormir. ________

**f.** Todos os dias eles vão à academia. ________

## Fique ligado

O quadro a seguir mostra os alimentos mais consumidos pelos brasileiros e o percentual da população que come cada um deles nas refeições. Depois discuta sobre as questões.

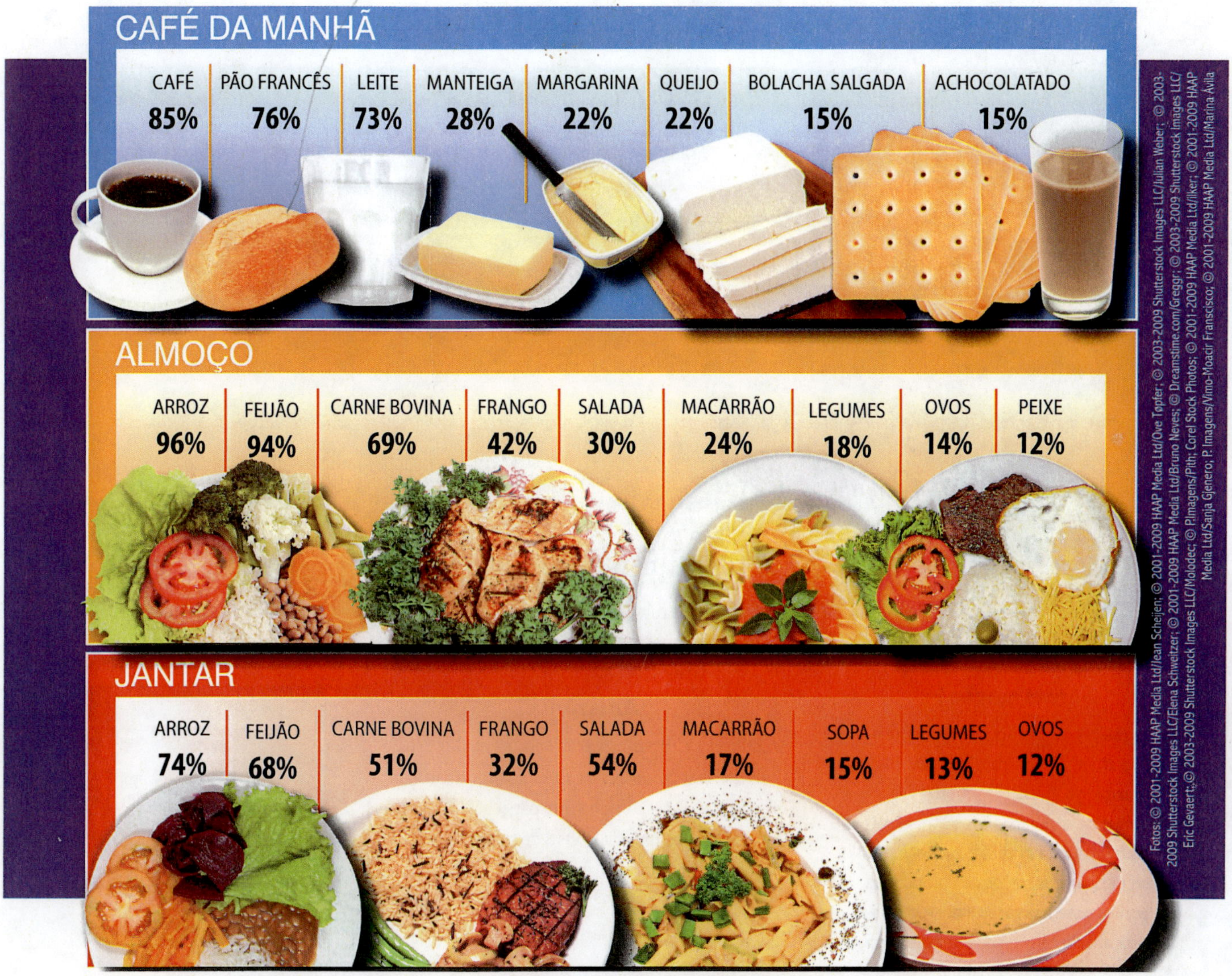


Marco Pinto/Mauro Holanda/Gladstone Campos/Jorge Butsuem/Pedro Rubens/Lang/Fabio Mangabeira/Sergio Giannotti/Photodisc

**1.** Os alimentos e as refeições em que são consumidos são parecidos com os hábitos de seu país? Quais?

**2.** Há algum alimento que nunca é consumido na mesma refeição como os brasileiros fazem? Quais?

**3.** Prepare agora uma versão do quadro que represente os hábitos alimentares de seu país.

| | |
|---|---|
| **CAFÉ DA MANHÃ** | Cafe, pão doce, tortilla de milho, feijão, queijo |
| **ALMOÇO** | Arroz, macarrão, carne, |
| **JANTAR** | Feijão, banana da terra, queijo, ovo |

# 4 Terra à vista

## Três lugares bem diferentes em um mesmo país

O Brasil é um país gigantesco. Se você pensa em fazer uma viagem para visitá-lo, vai ver que há muitas opções para se divertir. Observe algumas sugestões de uma agência de turismo brasileira:

### Serra Gaúcha

O melhor e mais completo roteiro turístico do Brasil. É um dos destinos mais charmosos do Brasil. Com suas baixas temperaturas, paisagens exuberantes, vales, vinhedos, montanhas e cachoeiras, a região preserva os traços da colonização germânica e italiana, facilmente reconhecida na arquitetura e na fisionomia do povo hospitaleiro que lá habita.

### Amazônia

Conhecer a Amazônia é vivenciar um dos cenários mais espetaculares da Terra. A importância da região está em seu importante papel para o equilíbrio ecológico mundial. Além de sua reconhecida riqueza natural, cultural e biológica.

### Fernando de Noronha

As belezas naturais de Noronha com suas praias de águas cristalinas encantam todos os seus visitantes. Seus famosos golfinhos e rica fauna marinha fazem de Noronha um dos melhores lugares do mundo para a prática do mergulho. É destino obrigatório para quem pretende conhecer os pontos turísticos do mundo.

CVC. *Show de ofertas CVC Curitiba*: férias de verão e carnaval 2010. 8. ed. Curitiba, 2009.

- Você gosta de viajar?
- Qual desses destinos você prefere? Por quê?
- Você já visitou o Brasil?
- Qual foi a melhor viagem da sua vida?
- Qual vai ser a sua próxima viagem?

## Na ponta da língua

**1.** No Brasil, é muito comum viajar de ônibus. Escute o diálogo a seguir e veja como comprar uma passagem na rodoviária. Em seguida, preencha o bilhete com as informações dadas.

**BILHETE DE PASSAGEM RODOVIÁRIO**
SÉRIE D SUBSÉRIE 9
Nº 407270 — 2ª VIA – PASSAGEIRO

DE ______ PARA ______

TRANSFERÊNCIA OU DEVOLUÇÃO
03 (TRÊS) HORAS ANTES DO EMBARQUE
SAC 0800 643 55

- O PASSAGEIRO GUARDARÁ SEU BILHETE PARA FINS DE FISCALIZAÇÃO EM VIAGEM.
BAGAGEM GRATUITA. ART. 41 DO DECRETO 5246/74, UMA MALA (ATÉ 30 KG) NO BAGAGEIRO E UM EMBRULHO NO PORTA-VOLUME.
- ICMS JÁ INCLUSO NO PREÇO DA PASSAGEM.
- NÃO TEM VALOR PARA EMBARQUE.

| DATA DO EMBARQUE | HORÁRIO | POLTRONA | DIA DA SEMANA | DATA DE EMISSÃO |
|---|---|---|---|---|
| | | | | |

☐ CONVENCIONAL ☐ LEITO
☐ SEMILEITO

| TARIFA | TOTAL |
|---|---|
| | |

**2.** Viajar de avião também está se tornando cada vez mais popular no Brasil. Ouça a compra da passagem e complete o bilhete com as informações dadas.

Clarissa França. 2010. 2 ilustração. Digital.

BILHETE DE PASSAGEM/NOTA DE BAGAGEM
RECIBO DO PASSAGEIRO
**082479539**

Localizador:
Nome:
Portão: Voo: Assento:
Data: Hor. embarque:
Partida:
Chegada:
Apresentar-se para embarque:
* Doméstico: 30 min antes
* Internacional: 60 min antes

Tarifa
TARIFA DE EMBARQUE
TOTAL

FORMA DE PAGAMENTO
Controle de bagagem:

Linhas Aéreas S.A.
Aeroporto Internacional do Rio de Janeiro

COMO VOCÊ VAI VIAJAR?

EU VOU... DE CARRO.
DE ÔNIBUS.
DE AVIÃO.
DE TREM.
DE NAVIO/DE BARCO.
A PÉ.

**3.** Sobre a passagem da Sra. Alice, assinale as informações corretas:

( ) passagem de ida e volta
( ✓ ) passagem só de ida

( ) escala
( ) conexão
( ✓ ) voo direto

( ✓ ) *check in* no aeroporto
( ) *check in* na internet

( ) poltrona na janela
( ) poltrona no meio
( ✓ ) poltrona no corredor

**4.** Abaixo, há dois quadros com os destinos, horários, tipos e valores de passagens. O primeiro é para a venda de passagens rodoviárias e o segundo é para passagens aéreas. Pesquise os locais indicados e escolha um destino. Prepare com um colega um diálogo sobre a compra de passagem e apresente para a turma.

## Passagens rodoviárias

| ORIGEM/DESTINO | TIPO | HORÁRIOS DE SAÍDA | VALOR |
|---|---|---|---|
| CURITIBA/RIO DE JANEIRO | LEITO | 06:30/12:15/18:00/00:10 | R$ 147,90 |
| CURITIBA/SÃO PAULO | SEMILEITO | 07:15/13:15/15:40/23:10 | R$ 92,50 |
| CURITIBA/FLORIANÓPOLIS | CONVENCIONAL | 06:30/11:50/20:40 | R$ 54,90 |

## Passagens aéreas

| ORIGEM/DESTINO (*) | TIPO | HORÁRIOS DE SAÍDA | VALOR (com a taxa de embarque incluída) |
|---|---|---|---|
| SÃO PAULO/PORTO ALEGRE/SÃO PAULO | ESCALA EM CURITIBA | 07:30/12:50/19:30 | R$ 412,80 |
| SÃO PAULO/SALVADOR/SÃO PAULO | DIRETO | 08:30/12:45/21:40 | R$ 425,70 |
| SÃO PAULO/BRASÍLIA/SÃO PAULO | CONEXÃO NO RIO DE JANEIRO | 07:45/09:30/11:50/13:00/ 15:40/18:50/21:40 | R$ 542,20 |

(*) todas as passagens são de ida e volta. O valor da passagem só de ida é a metade do valor apresentado aqui.

## De ouvidos abertos

**1.** A língua portuguesa possui muitos sons nasais. Veja os exemplos.

**Vogais nasais**

1. [ ã ] = ã, am, an
   manhã, também, andar
2. [ ẽ ] = em, en
   tempo, então
3. [ ĩ ] = im, in
   sim, informar
4. [ õ ] = om, on
   sombra, conto
5. [ ũ ] = um, un
   um, mundo

**Ditongos nasais**

1. [ ãy ] = ãe
   mãe, pães
2. [ ãw ] = ão, am
   não, falam
3. [ẽy ] = em
   passagem, viagem
4. [ õy] = õe
   opções, informações

**2.** A seguir estão frases com muitos sons nasais. Localize-os. Ouça as frases e depois repita para praticar.

**a.** Bom dia! Passagem pra onde?

**b.** Eles viajam amanhã de manhã.

**c.** Só temos passagem para ônibus convencional, tudo bem?

**d.** O ônibus leito sai às vinte e uma horas.

**e.** Eu quero o assento quinze.

**f.** Quanto custa a passagem?

**g.** Só um momento para eu emitir a passagem, por favor.

**h.** Muito obrigado e boa viagem!

**i.** Tem algum voo para hoje ainda?

**j.** Atrás da passagem estão informações sobre a política de bagagem empresa.

## Tire de letra

O Brasil possui muitas opções diferentes quando o assunto é turismo. Acompanhe a leitura do texto e saiba quais são os lugares que os turistas mais procuram no país. Depois, responda às questões.

http://www.necnet.net/artigo.php?id_artigo=35184

### Os dez destinos turísticos mais visitados no Brasil

Rio de Janeiro, Florianópolis, São Paulo, Salvador, Foz do Iguaçu, Balneário de Camboriú, Porto Alegre, Recife, Fortaleza e Búzios. Você sabe o que essas cidades têm em comum? São os lugares mais visitados do Brasil. São praias, monumentos, paisagens, história e particularidades que atraem turistas de todo canto do mundo. No ano passado, mais de 6 milhões de turistas estrangeiros estiveram em terras brasileiras. A maior parte veio para passear.

Não é à toa que o Rio de Janeiro é conhecido como a "Cidade Maravilhosa". A capital carioca está em primeiro lugar no ranking da Embratur. Recebeu, no ano passado, 34,13% dos turistas que circularam pelo Brasil. São pontos como o Pão de Açúcar, Cristo Redentor e as belas praias que fazem da cidade um grande polo turístico.

Em segundo lugar, vem Florianópolis, em Santa Catarina. Ela está entre as capitais do país com melhor qualidade de vida e recebeu, também em 2001, 18,69% dos turistas que viajaram pelo Brasil. Ocupando todos os 423 km$^2$ da Ilha de Santa Catarina e ainda mais uma área no continente, a cidade de Floripa, assim como é chamada, une a natureza exuberante com a história e o rico folclore. Nela, o turista encontra praias, dunas, lagoas, fortes, etc.

Mas não são apenas as praias que atiçam os olhos dos turistas. A capital paulista e segunda maior cidade do planeta, São Paulo, é o centro econômico da América Latina. Estimula o turismo e os negócios e ocupa o terceiro lugar no ranking. Há ainda aqueles que viajam para curtir as festas locais. A capital baiana, Salvador, o quarto destino mais visitado, é um dos melhores locais para curtir o carnaval brasileiro.

O país reserva ainda outras belezas e atrações. Cachoeiras com quedas incríveis, como em Foz do Iguaçu, no Paraná; belas praias em Balneário de Camboriú, em Santa Catarina; o clima frio de Porto Alegre, capital gaúcha; e as águas limpas e cristalinas de Recife (PE), Fortaleza (CE) e Búzios (RJ) fazem do turismo o produto de exportação brasileiro que mais tem crescido nos últimos anos.

## As cidades mais visitadas

1. Rio de Janeiro (RJ): 34,13%
2. Florianópolis (SC): 19,65%
3. São Paulo (SP): 18,69%
4. Salvador (BA): 13,47%
5. Foz do Iguaçu (PR): 12,94%
6. Balneário de Camboriú (SC): 6,60%
7. Porto Alegre (RS): 5,90%
8. Recife (PE): 5,75%
9. Fortaleza (CE): 5,39%
10. Búzios (RJ): 4%

Disponível em: <http://www.necnet.net/artigo.php?id_artigo=35184>. Acesso em: 18 jan. 2010.

© Dreamstime.com/Edite Artmann; © Wikipédia/Fernando Dallacqua; © Wikimedia Commons/Martin St-Amant; © Pulsar Imagens/Marcelo Spatafora

**1.** De acordo com a leitura do texto, marque (V) para as afirmações verdadeiras e (F) para as afirmações falsas. Em seu caderno, corrija as informações incorretas.

( ) São Paulo é muito procurada pelos turistas por causa de suas praias.

( ) O Pão de Açúcar, o Cristo Redentor e belas praias são algumas das atrações do Rio de Janeiro.

( ) Salvador atrai turistas por ser o centro econômico da América Latina.

( ) Foz do Iguaçu e Balneário Camboriú atraem viajantes somente por causa das suas praias.

( ) O Rio de Janeiro recebeu no ano anterior quase um terço dos turistas que viajaram ao Brasil.

**2.** Você conhece algum dos lugares apresentados no texto? Qual? Se não conhece, qual deles você gostaria de conhecer primeiro? Por quê?

______________________________________________

______________________________________________

**3.** Reescreva as palavras e expressões em destaque, considerando o seu significado no texto. Use um dicionário se achar necessário.

**a.** Você sabe o que essas cidades têm **em comum**? (1º parágrafo)

______________________________________________

**b.** [...] a cidade de Floripa, assim como é chamada, une a natureza **exuberante** com a história [...]. (3º parágrafo)

______________________________________________

**c.** "Mas não são apenas as praias que **atiçam** os olhos dos turistas." (4º parágrafo)

______________________________________________

**d.** "A capital baiana, Salvador, o quarto destino mais visitado, é um dos melhores locais para **curtir** o carnaval brasileiro." (4º parágrafo)

______________________________________________

**e.** "O país **reserva** ainda outras belezas e atrações." (5º parágrafo)

______________________________________________

**4.** As palavras a seguir foram retiradas do texto que você acabou de ler. Classifique-as conforme o gênero.

CIDADE FOLCLORE PAISAGEM CARNAVAL EXPORTAÇÃO CAPITAL PARTICULARIDADE VIAGEM ATRAÇÃO LUGAR QUALIDADE CLIMA PASSAGEM

| Masculino | Feminino |
| --- | --- |
| | |

## Tintim por tintim

### Pretérito perfeito

Observe os trechos a seguir:

"No ano passado, mais de 6 milhões de turistas estrangeiros **estiveram** em terras brasileiras. A maior parte **veio** para passear."

"Não é à toa que o Rio de Janeiro é conhecido como a "Cidade Maravilhosa". A capital carioca está em primeiro lugar no ranking da Embratur. **Recebeu**, no ano passado, 34,13% dos turistas que **circularam** pelo Brasil."

Os verbos destacados nos exemplos acima estão no pretérito perfeito. Podemos dizer que esse tempo verbal indica um passado com tempo bem definido e determinado. Como sabemos disso?

Nos dois exemplos, a expressão "no ano passado" especifica quando a ação aconteceu.

**1.** Você conhece outras expressões que indiquem passado e que podem ser usadas com o pretérito perfeito? Cite algumas.

______________________________________________

______________________________________________

## Verbos regulares

| | PARTICIP**AR** | PROMET**ER** | ASSUM**IR** |
|---|---|---|---|
| Eu | particip**ei** | promet**i** | assum**i** |
| Você<br>Ele/Ela<br>A gente | particip**ou** | promet**eu** | assum**iu** |
| Nós | particip**amos** | promet**emos** | assum**imos** |
| Vocês<br>Eles/Elas | particip**aram** | promet**eram** | assum**iram** |

Complete o quadro com as conjugações seguindo os modelos.

| | TRABALH**AR** | ESCREV**ER** | ABR**IR** |
|---|---|---|---|
| Eu | trabalhei | Escrevi | abri |
| Você<br>Ele/Ela<br>A gente | trabalho | Escreveu | abriu |
| Nós | Trabalhamos | Escrevemos | abrimos |
| Vocês<br>Eles/Elas | trabalharam | Escreveram | abriram |

## Verbos irregulares

| | SER | IR | ESTAR | TER | FAZER | QUERER | PODER |
|---|---|---|---|---|---|---|---|
| Eu | fui | fui | estive | tive | fiz fazia | quis queria | pude podia |
| Você<br>Ele/Ela<br>A gente | foi | foi | esteve | teve | fez fazia | quis queria | pôde podia |
| Nós | fomos | fomos | estivemos | tivemos | fizemos fazíamos | quisemos queríamos | pudemos podíamos |
| Vocês<br>Eles/Elas | foram | foram | estiveram | tiveram | fizeram faziam | quiseram queriam | puderam podiam |

**1.** O pretérito perfeito é muito usado em nosso dia a dia, pois, como você viu, com ele descrevemos ações que ocorrem em um tempo passado determinado. Responda às perguntas sobre sua vida usando esse tempo.

**a.** O que você fez ontem à tarde? Ontem à tarde eu estive em aulas de português

**b.** que você fez no final de semana passado? Eu fiquei em casa, arrume o meu quarto e tambem li.

**c.** O que você fez antes de chegar à aula de português? Eu tomé café da manha.

**d.** O que você fez no último Natal? Eu celebré com as irmás em Honduras e depóis visité a minha irmá mais jovem.

**e.** O que você fez no carnaval passado? Eu estaba em Honduras e la nós não temos carnaval.

**2.** De acordo com a resposta apresentada, elabore as perguntas.

**a.** Que você fez para o almoço?
Para o almoço, eu fiz bife e batata frita.

**b.** Quando ela veio aqui?
Ela veio aqui às duas da tarde.

**c.** Qual filme vocês viram?
Ontem nós vimos o filme *Central do Brasil*.

**d.** Você trouxe blusa?
Eu não trouxe blusa porque estava quente.

**e.** Qual fue
O meu último emprego foi como vendedor.

**f.** Vocês, estiveram en Manaus?
Sim, estivemos em Manaus.

**g.** Por que ela não quis comer carne
Ela não quis comer carne porque é vegetariana.

**h.** Como você veio para a escola?
Eu vim para a aula de ônibus.

**3.** Responda às perguntas usando *já*, *ainda não* ou *nunca*, como no modelo. Use informações verdadeiras a seu respeito.

Você já conversou com o professor?
*Já, já conversei / Não, ainda não conversei. / Não, nunca conversei.*

**a.** Você já chegou atrasado à aula de português?
Já, já cheguei.

**b.** Você já pagou alguma conta pela internet?
Já, já paguei

**c.** Você já trocou a lâmpada em casa?
Não, ainda não troquei.

**d.** Você já ficou em um hotel 5 estrelas?
Não, nunca fiquei

**e.** Você já viu algum filme brasileiro? Qual?
Não, ainda não vi

**f.** Você já disse um palavrão em um lugar "proibido"?
Não, nunca disse

**g.** Você já teve algum animal de estimação exótico? Qual?
Não, nunca tive.

**h.** Você já veio a pé para a aula?
Não, ainda não vim.

**4.** Responda de forma afirmativa ou negativa usando os verbos no pretérito perfeito, como no modelo.

Ex.:

(chamar) Você _chamou_? _Chamei_. OU _Não, não chamei_.

**(gostar)** Você ________? ________. OU ______________________.

**(estudar)** Vocês ________? ________. OU ______________________.

**(comer)** Ela ________? ________. OU ______________________.

**(perceber)** Vocês ________? ________. OU ______________________.

**(conseguir)** Ela ________? ________. OU ______________________.

**(dar)** Você ________? ________. OU ______________________.

**(pôr)** Você ________? ________. OU ______________________.

**(trazer)** Você ________? ________. OU ______________________.

**(dizer)** Ela ________? ________. OU ______________________.

**(fazer)** Nós ________? ________. OU ______________________.

**(ser)** Você ________? ________. OU ______________________.

**(fazer)** Você ________? ________. OU ______________________.

## Na ponta da língua

**1.** Se você pensa em viajar, é fundamental ter um lugar para ficar. Agora, você vai ouvir uma pessoa fazendo uma reserva em um hotel. Complete o quadro com as informações e opções do hóspede.

| Nome: José Eduardo Schoemberg | | Hotel À beira do mar |
|---|---|---|
| Telefone: 011-933 2931 | | |
| *E-mail*: j_eduardo@hotmail.com | | |
| Período<br>5-10 Julho | Número de hospedes:<br>3 | Adultos (2)<br>Crianças (1) |
| Número de quartos:<br>1 | Camas extras: 1 | Banheiro privativo (✓)<br>Banheiro compartilhado ( ) |
| Suíte de frente para o mar (✓)<br>Suíte de fundos ( ) | Andar: 5º | Valor da diária 315.50 |
| Café da manhã<br>(✓) sim ( ) não | Piscina<br>(✓) sim ( ) não | Academia<br>(✓) sim ( ) não |

## Números ordinais

| | |
|---|---|
| 1º Primeiro | 22º Vigésimo segundo |
| 2º Segundo | 33º Trigésimo terceiro |
| 3º Terceiro | 44º Quadragésimo quarto |
| 4º Quarto | 55º Quinquagésimo quinto |
| 5º Quinto | 66º Sexagésimo sexto |
| 6º Sexto | 77º Septuagésimo sétimo |
| 7º Sétimo | 88º Octagésimo oitavo |
| 8º Oitavo | 99º Nonagésimo nono |
| 9º Nono | 100º Centésimo |
| 10º Décimo | 111º Centésimo décimo primeiro |
| 11º Décimo primeiro | 1 000º Milésimo |

### *Tintim por tintim*

## Verbos ser e estar

Leia o texto abaixo e complete-o usando os verbos *ser* ou *estar* no presente. Depois responda às demais questões propostas.

### Rio de Janeiro

______ possível fazer turismo no Rio de Janeiro depois de assistir ao telejornal da noite? Em 30 segundos você pode listar uma dúzia de destinos mais seguros. Mas quantos deles serão mais interessantes, mais vibrantes, mais espetaculares? Nenhum. Não há, no Brasil ou no mundo, outro lugar que reúna cenário, elenco, roteiro, trilha sonora original, iluminação, direção de arte e serviço de bordo com a qualidade dos encontrados no Rio de Janeiro.

Mesmo nestes tempos conturbados, o Rio continua sendo o lugar no país que mais vive ao ar livre. Enquanto brasileiros de outros estados só ______ informados de coisas ruins, os fluminenses sabem muito bem o que ______ acontecendo de bom – qual ______ a peça, o *point*, o *show*, o drinque, o programa que ______ fazendo a cabeça na capital, em Búzios ou em Itaipava.

O segredo de curtir o Rio ______ em seguir o fluminense nessa sua obsessão por descobrir e aproveitar o melhor de tudo. Compartilhe os prazeres dos habitantes do "Estado Maravilhoso" e você terá férias inesquecíveis. No verão, rume para a praia Búzios, Arraial, Angra. Nos fins de semana e no inverno, suba a serra até Itaipava, Petrópolis, Teresópolis. Entre uma coisa e outra? Aquele abraço.

Disponível em: <http://viajeaqui.abril.com.br/america-do-sul/brasil/rio-de-janeiro-504051.shtml>. Acesso em: 7 dez. 2009.

| SER | ESTAR |
|---|---|
| Usado principalmente para indicar caráter permanente. | Usado principalmente para indicar caráter temporário. |
| 1. Profissão/ocupação;<br>2. Nacionalidade;<br>3. Gênero;<br>4. Características físicas, psicológicas e morais;<br>5. Localização de prédios, ruas e objetos que não podem mudar de lugar.<br>6. Expressões impessoais como "é importante", "é necessário", etc. | 7. Estado emocional ou físico;<br>8. Tempos contínuos;<br>9. Localização de pessoas ou objetos que podem mudar de lugar. |

**1.** Numere as frases a seguir de acordo com o uso dos verbos *ser* ou *estar* apresentados no quadro.

( 9 ) Onde está o meu jornal?
( 1 ) Ele é médico.
( 4 ) Elas são inteligentes.
( 3 ) Esse animal é macho.
( 5 ) O museu é longe daqui.
( 8 ) Ela está trabalhando agora.
( 4 ) Ele é honesto.
( 7 ) Ela está com frio.
( 6 ) É bom viajar nas férias.
( 4 ) Ela é muito bonita.
( 7 ) Eles estão nervosos.
( 2 ) Ela é argentina.

**2.** Complete com os verbos *ser* ou *estar*, conjugando-os corretamente.

**a.** Onde estão os seus amigos? (9)

**b.** Eles são muito altos. (4)

**c.** A Maria é casada com o João.

**d.** Nós somos jovens ainda.

**e.** Ela está economizando dinheiro para viajar no mês que vem. (8)

**f.** O museu é perto daqui.

**g.** João é uma pessoa muito simples. (4)

**h.** A Genoveva é feia, mas hoje está "bonitinha".

**i.** Fale baixo! A Maria está com dor de cabeça!

# Presente contínuo

Veja o exemplo:

> "[...] os fluminenses sabem muito bem o que **está acontecendo** de bom. [...]."

O presente contínuo indica que um fato está ocorrendo no momento em que falamos, isto é, que o fato ainda está em ação.

## Verbo *estar* no presente + verbo principal no gerúndio

| | | |
|---|---|---|
| Eu | estou | FALANDO<br>FAZENDO<br>ABRINDO |
| Você<br>Ele/Ela<br>A gente | está | |
| Nós | estamos | |
| Vocês<br>Eles/Elas | estão | |

**3.** Crie complementos para as frases com os verbos conjugados no presente contínuo.

**a.** Ele não pode ver ao jogo agora porque está estudando.

**b.** Se o telefone tocar fale que eu estou tomando banho.

**c.** Não gosto de falar sobre doenças quando estou viajando.

**d.** Não se preocupe, o doutor está atendendo.

**e.** O carregadores estão carregando um piano.

levando/trazendo

## Na ponta da língua

© Getty Images/Stone/Jamie Grill

27 **1.** Quando estamos em férias e visitamos uma cidade pela primeira vez, é muito comum pedir informações às pessoas do local. No diálogo, você vai ouvir, uma moça que está no Rio de Janeiro e quer conhecer a Zona Sul, região dos bairros de Ipanema e Copacabana. Descubra o lugar a que ela se dirige e marque no mapa o caminho que ela percorre, de acordo com as informações que recebe.

☐ A moça está na Avenida Atlântica em Copacabana.

## Pedir e dar informações na rua

Onde fica...? Como faço para chegar a(o)...? Como se chega a(o)...?

| | | | |
|---|---|---|---|
| virar à direita/esquerda | paralela | a rua | a encruzilhada |
| atravessar a rua | quadra | a avenida | a placa |
| do outro lado da rua | quarteirão | a esquina | o cruzamento |
| transversal | o sinal | a bifurcação | |

**2.** Com base no mapa, trabalhe com um colega e preparem um diálogo no qual vocês pedem informações sobre como chegar a diferentes locais. Depois, apresentem esse diálogo para a turma.

**ADVERBIOS DE LUGAR**

| | |
|---|---|
| AQUI | PERTO DE QUEM FALA |
| AÍ | PERTO DA PESSOA COM QUE SE FALA |
| ALI<br>LÁ | PERTO DE UMA TERCEIRA PESSOA |

**3.** Classifique os lugares de acordo com o seu tipo.

**estação ferroviária, restaurante, açougue, igreja, quitanda, mercado, hospital, banco, correio, *lan house*, *shopping center*, farmácia, papelaria, teatro, cinema, bar, cemitério, panificadora, escola, loja de roupas, estacionamento, rodoviária, ponto de ônibus, ponto de táxi, lanchonete, parque, uma ponte, biblioteca, viaduto**

**a.** Comida e bebidas prontas: ______

**b.** Comidas para preparar: ______

**c.** Utilidades: ______

**d.** Saúde: ______

**e.** Serviços: ______

**f.** Transporte: ______

**g.** Entretenimento: ______

**h.** Produtos em geral: ______

**i.** Outros: ______

### Mãos à obra

Escolha um lugar de seu país e escreva um texto sobre ele. Conte por que as pessoas o visitam, o que há de interessante nele, o que se pode fazer quando se está lá.

## Fique ligado

Quando viajamos, é preciso conhecer um pouco sobre a cultura do destino para que não se cometa uma gafe. Pensando nisso, leia o texto e descubra mais sobre a etiqueta de vários países. Em seguida, faça uma pesquisa sobre o Brasil e crie um novo quadro com as informações que você descobriu. Para terminar, crie um quadro sobre o seu próprio país.

| **TODO CUIDADO É POUCO**<br>*Alguns exemplos do que é ou não de bom-tom ao redor do mundo* | |
|---|---|
|  **China, Índia, Albânia e Argélia**<br>O arroto depois das refeições, que em muitos países é considerado grosseiro, é uma agradável homenagem às habilidades do cozinheiro | **Japão**<br>Em público não se deve beijar uma mulher, nem mesmo no rosto, sob pena de ser considerado muito descortês. Beijo na boca, então, somente antes de relações sexuais  |
|  **Países islâmicos**<br>É proibido o contato físico em público entre pessoas de sexos opostos. Não se deve olhar demoradamente nos olhos. Carregar revistas femininas com editoriais de moda pode ser considerado pornográfico | **Alemanha**<br>Em ocasiões formais, as mulheres não cruzam as pernas, os homens não se espreguiçam e não se sentam apoiando o tornozelo na perna oposta  |
|  **Países da ex-URSS**<br>Cuspir no chão é um hábito comum. Depois de uma frase de elogio, é normal cuspir três vezes por cima do próprio ombro para afastar o mau-olhado | **Austrália**<br>Não se deve apontar uma pessoa com o dedo indicador. Assoar o nariz em público é considerado desrespeito. Quem está resfriado deve ficar em casa  |
|  **Grã-Bretanha**<br>Ao ser convidado para um almoço de negócios, esteja ciente de que o assunto será realmente o trabalho. No jantar, porém, é falta de educação tocar no assunto | |
|  **Holanda**<br>Apoiar a ponta do polegar nos lábios significa mentiroso e alisar o nariz com o indicador enquanto se fala significa que a pessoa de quem se fala é má e avarenta | |
|  **Grécia**<br>Fazer o V da vitória significa 'vá para o inferno' e recusar algo colocando diante de si a mão aberta com os dedos estendidos é um insulto violento e vulgar | |

Clarissa França. 2010. 9 ilustração. Digital

LEAL, Renata. *Todo cuidado é pouco.* Disponível em: <http://revistaepoca.globo.com/Revista/Epoca/0,,EDG65159-6014,00-ETIQUETA+PARA+VIAGEM.html>. Acesso em: 15 jan. 2010.

# 5 Álbum de família

Fotos: Dreamstime/Konstantin Sutyagin; © 2000-2010 Dreamstime; © 2000-2010 Dreamstime; © 2000-2010 Dreamstime; © 2000-2010 Dreamstime/Jennifer Hogan; © 2000-2010 Dreamstime/Liubov Grigoryeva

## A família brasileira

- 3,8 é o número médio de pessoas por casa
- A quantidade média de filhos por família é 2,7
- 27% dos casais estão juntos há mais de dez e menos de 20 anos
- Os casados com filhos que têm renda de até dez salários mínimos são 91%
- Os brasileiros que não costumam conversar durante as refeições equivalem a 30%
- 35% dos brasileiros ganham até dois salários mínimos, e outros...
- 24% ganham entre dois e três salários mínimos
- Solteiros que já se casaram ou viveram com alguém como se fossem casados são 17%

HERNANDES, Mauro Paulino; JANONI, Alessandro. *A família brasileira.* Disponível em: <http://www1.folha.uol.com.br/fsp/cotidian/revistafamilia/rv0710200709.htm> Acesso em: 27 jan. 2010.

- Como era a família dos seus pais?
- O que mudou de uma época para outra?
- Quem mora em sua casa?
- Em seu país, é comum haver casais sem filhos?
- Na sua casa, as pessoas conversam durante as refeições?

## Na ponta da língua

1. Com base no modelo a seguir, monte a árvore genealógica da sua família. Depois, apresente oralmente aos colegas.

Clarissa França. 2010. Digital

2. Com base na árvore genealógica, complete as lacunas com os termos adequados.

| |
|---|
| sobrinho/sobrinha |
| filho/filha |
| irmão/irmã |
| primo/prima |

**a.** Eu sou ___filha___ do meu pai e da minha mãe.
**b.** Eu sou ___neta___ do meu avô e da minha avó.
**c.** Eu sou ___sobrinha___ do meu tio e da minha tia.
**d.** Eu sou ___prima___ dos filhos do meu tio e da minha tia.
**e.** Eu sou ___irmã___ dos outros filhos do meu pai e da minha mãe.

3. Substitua os símbolos por letras e descubra outras relações familiares.

**a.** O homem casado com a minha irmã.
❑✖♣✻■❃✧ ____________

**b.** A mãe da esposa.
✈✧✪✚■ ____________

**c.** O homem casado com a minha filha.
✪✂♣✚✧ ____________

**d.** A mulher casada com o meu filho.
♣✧✚■ ____________

**e.** o pai do marido.
✈✧✪✚✧ ____________

**f.** a mulher casada com o meu irmão.
❑✖♣✻■❃■ ____________

| | | | |
|---|---|---|---|
| A = ■ | G = ✪ | M = ✱ | R = ✚ |
| C = ❑ | H = ✻ | N = ♣ | S = ✈ |
| D = ❃ | I = ❖ | O = ✧ | U = ✖ |
| E = ✂ | L = ∞ | P = ◗ | Z = ✎ |

**4.** Você vai ouvir uma entrevista com Dona Madalena falando um pouquinho sobre como era a sua família. Marque as alternativas corretas conforme as informações ouvidas.

**a.** Dona Madalena tem...
( ) 72 anos ( ) 82 anos (✓) 92 anos

**b.** Segundo ela, as famílias antes eram...
( ) menores que hoje (✓) maiores que hoje ( ) iguais às de hoje

**c.** Quantas pessoas viviam na casa de sua família?
( ) 7 pessoas ( ) 9 pessoas (✓) 10 pessoas

**d.** Quantos irmãos e irmãs ela tinha?
(✓) cinco irmãos e uma irmã
( ) seis irmãos e duas irmãs
( ) nove irmãos e uma irmã

**e.** Como era o pai de Dona Madalena?
( ) Bonito, alto, magro, cabelos loiros, olhos verdes
( ) Bonito, alto, forte, cabelos castanhos, olhos castanhos
(✓) Bonito, alto, forte, cabelos castanhos, olhos verdes

**f.** Como era a mãe de Dona Madalena?
( ) Bonita, alta, magra, cabelos castanhos, olhos castanhos
( ) Bonita, pequena, forte, cabelos loiros, olhos verdes
(✓) Bonita, pequena, magra, cabelos loiros, olhos castanhos

**g.** Como era o temperamento deles?
(✓) O pai era bravo e sério e a mãe era calma, paciente e alegre.
( ) O pai era bravo e brincalhão e a mãe era séria e paciente.
( ) O pai era calmo e sério e a mãe era brava e alegre.

**h.** Qual a descrição da avó de Dona Madalena?
( ) Baixinha, gordinha e séria.
(✓) Baixinha, gordinha e brincalhona.
( ) Baixinha, magrinha e brincalhona.

André Muller. 2010. Digital

**5.** Retrato falado. Descreva alguma pessoa conhecida no seu país para que os colegas adivinhem quem é.

| CARACTERÍSTICAS FÍSICAS | CABELO | | OLHOS | PELE | OUTROS |
|---|---|---|---|---|---|
| ☐ alto | ☐ castanho | ☐ médio | ☐ castanhos ✓ | ☐ branca | ☐ barba |
| ☐ baixo | ☐ loiro | ☐ liso | ☐ verdes | ☐ morena ✓ | ☐ bigode |
| ☐ magro | ☐ ruivo | ☐ ondulado ✓ | ☐ azuis | ☐ negra | ☐ cavanhaque |
| ☐ forte | ☐ preto ✓ | ☐ cacheado | | ☐ oriental | ☐ costeleta |
| ☐ gordo | ☐ grisalho | ☐ crespo | | | |
| | ☐ curto | ☐ careca | | | |
| | ☐ comprido | | | | |

**6.** Faça uma descrição física e psicológica de você mesmo(a).

Baixa, nem gorda nem magra, cabelo preto-grisalho, medio, crespo, olhos castanhos, pele morena.
Simpática, tímida, calma, alegre, séria, inteligente e simples.

| CARACTERÍSTICAS PSICOLÓGICAS | |
|---|---|
| simpático/antipático | brincalhão/sério |
| extrovertido/tímido | inteligente/bobo |
| calmo/agitado | engraçado/sem graça |
| alegre/triste | simples/arrogante |
| tranquilo/nervoso | elegante |

## De ouvidos abertos

**1.** Ouça os exemplos a seguir e aprenda a diferenciar os sons [ b ] e [ v ]. Em seguida, repita, tentando reproduzir o som adequado.

| [ b ] = b | [ v ] = v |
|---|---|
| bem | vem |
| bolsa | volume |
| burro | vaca |

**2.** Ouça as palavras a seguir e assinale a coluna correta, indicando quando o som é [ b ] ou [ v ]. Depois escreva a palavra ouvida.

| | [ b ] | [ v ] | palavra |
|---|---|---|---|
| 1 | | | |
| 2 | | | |
| 3 | | | |
| 4 | | | |
| 5 | | | |
| 6 | | | |
| 7 | | | |
| 8 | | | |
| 9 | | | |
| 10 | | | |

**3.** Repita rapidamente as frase a seguir cuidando a pronúncia de [ v ] e [ b ].

**a.** Você viu se a vovó vem?

**b.** O bombom é bem bom.

**c.** Vanda tem uma banda que toca belas músicas velhas.

**d.** Ela fica bem bonita quando veste verde.

VOCÊ SABE O QUE É UM TRAVA-LÍNGUA? TRATA-SE DE UMA BRINCADEIRA COM PALAVRAS QUE FORMAM UMA FRASE DIFÍCIL DE SER PRONUNCIADA.

## Tire de letra

http://vidasimples.abril.com.br/subhomes/comer/comer_237595.shtml

# Alimento para a alma

Carinho da mamãe, aconchego da terra natal, saudade de uma viagem. Aproveite as sensações que o paladar desperta

por Priscilla Santos

Marcelo Noah é poeta. Mas tem história na sua vida que dava mesmo era conto, daqueles que os escritores passam dias imaginando. Quando era bem pequeno, sua avó Suzana, uma figura para lá dos 80 anos, costumava visitá-lo ao cair da tarde. Chegava sempre para o café, com uma lata de Leite Ninho, cujo pó o neto devorava sem piedade. Diante do sucesso, as latas começaram a aparecer embrulhadas em papel de presente. Marcelo ganhou Leite Ninho em aniversários e até mesmo no Natal. Nessas datas especiais, vinham duas latas. Às vezes, a vó Suzana embalava junto ao Leite Ninho uma camiseta e duas meias e colocava o embrulho debaixo da árvore de Natal. Hoje, Marcelo tem 27 anos, e as latas de leite em pó nunca cessaram. "Toda vez que minha avó vai à minha casa, ela chega e diz: Adivinha o que eu trouxe? E tira o Leite Ninho da bolsa. E eu sempre rezo para ser mesmo o Leite Ninho. Nem se fosse uma coletânea do Noel Rosa eu ficaria tão feliz", diz Marcelo, que faz questão de frisar que tem mais três irmãos, mas que só ele ganha o presente. "Fico iluminado, volto a ser criança mesmo".

André Muller. 2010. Digital

Todo mundo tem uma receita ou um quitute que, na primeira bocada, é capaz de parar o mundo e transportá-lo para outro tempo e espaço. Trazer memórias, recordações de sua própria história. Seja da infância, da terra natal ou de um destino longínquo visitado numa data quase esquecida. Comida que traz memórias afetivas, que aconchega. Casos como o de Marcelo, que estão aqui para lembrar a gente de saborear nossas emoções mesmo que elas morem dentro de uma lata. Sensações que entraram pela boca, pelo nariz, pelos olhos, pelos ouvidos. Foram abocanhadas, mastigadas e bem armazenadas. E podem ser degustadas novamente, quantas vezes você provar dessa comida especial que alimenta a alma. Ao longo da vida vamos criando esse menu de recordações que começa na infância.

## Coisa de criança

Quando, na primeira mamada, a mãe coloca o bebê no peito sob um olhar terno, já há uma ligação entre comida e afetividade, diz a psicoterapeuta Christina Freire. Na infância, nosso universo é muito mais ligado às sensações. O bebê bota tudo na boca, a criança pequena toca tudo. Temos uma aprendizagem ligada aos sentidos. É uma fase de descobertas, inclusive do paladar. Quando pequenos, nosso universo culinário é mais restrito, direcionado pelos pais. Então os sabores ficam bem marcados. Talvez por isso haja tantas comidas com gosto de infância, como o Leite Ninho do Marcelo. [...]

SANTOS, Priscila. *Vida simples*. Disponível em: <http://vidasimples.abril.com.br/subhomes/comer/comer_237595.shtml>. Acesso em: 15 jan. 2010.

*Conto: história curta, geralmente de ficção.*
*Degustadas: comidas ou bebidas que são experimentadas.*

*Leite Ninho: marca de leite em pó bastante popular no Brasil.*

*Longínquo: longe, distante.*
*Quitute: petisco, comida saborosa e em porção pequena*

1. Em duplas, substituam as expressões em destaque nas frases a seguir sem alterar o sentido original. Se necessário, usem um dicionário.

   **a.** "uma figura **para lá dos** 80 anos" (1º parágrafo) ______

   **b.** "**ao cair da** tarde" (1º parágrafo) ______

   **c.** "o neto **devorava** sem piedade" (1º parágrafo) ______

   **d.** "colocava o **embrulho** debaixo da árvore de Natal." (1º parágrafo) ______

   **e.** "Hoje, Marcelo tem 27 anos, e as latas de leite em pó nunca **cessaram**." (1º parágrafo) ______

   **f.** "Comida que traz memórias afetivas, que **aconchega**." (2º parágrafo) ______

   **g.** "Foram **abocanhadas**, mastigadas e bem armazenadas." (2º parágrafo) ______

   **h.** "Quando pequenos, nosso universo culinário é mais **restrito**" (3º parágrafo) ______

2. A história do poeta Marcelo Noah serve para ilustrar o tema principal do texto. Que tema é este?

______

______

3. Quando Marcelo parou de ganhar latas de leite em pó de sua avó? Justifique a sua resposta.

______

______

4. No trecho a seguir, o que a autora do texto quer dizer com a frase em destaque?

"Marcelo Noah é poeta. **Mas tem história na sua vida que dava mesmo era conto, daqueles que os escritores passam dias imaginando.**"

______

______

______

5. Qual a explicação para a seguinte afirmação: "Talvez por isso haja tantas comidas com gosto de infância, como o Leite Ninho do Marcelo"?

______________________________________________

______________________________________________

6. Existe alguma comida que faça você se lembrar de algum momento de sua vida ou da sua infância? Qual (ou quais)?

______________________________________________

______________________________________________

## Tintim por tintim

# Pretérito imperfeito

Releia este fragmento do texto *Alimento para a alma*, de Priscilla Santos:

"Quando (Marcelo) **era** bem pequeno, sua avó Suzana, uma figura para lá dos 80 anos, **costumava** visitá-lo ao cair da tarde. **Chegava** sempre para o café, com uma lata de Leite Ninho, cujo pó o neto **devorava** sem piedade."

1. No trecho anterior, os verbos em destaque estão no pretérito imperfeito. Sobre o seu uso, responda às perguntas a seguir:

as vezes

**a.** Indica uma ação que ocorre
- No passado
- No presente
- No futuro

**b.** Os verbos indicam uma ação
- Pontual
- Frequente
- Hipotética

2. Que palavras do fragmento indicam que as ações descritas aconteceram mais de uma vez?

Costumava – sempre

3. Você conhece outras expressões de tempo que podemos usar com o pretérito imperfeito?

as vezes – – –

## Verbos regulares

| | PEGAR | ATENDER | PEDIR |
|---|---|---|---|
| Eu/Você Ele/Ela/A gente | pegav**a** | atendi**a** | pedi**a** |
| Nós | pegáv**amos** | atend**íamos** | ped**íamos** |
| Vocês/Eles/Elas | pegav**am** | atend**iam** | ped**iam** |

Siga a conjugação dos verbos regulares e complete o quadro.

| | ESTAR | DAR | QUERER | FAZER | DIZER | IR |
|---|---|---|---|---|---|---|
| Eu/Você Ele/Ela/A gente | estava | dava | queria | fazia | dizia | ia |
| Nós | estávamos | dávamos | queríamos | fazíamos | dizíamos | íamos |
| Vocês Eles/Elas | Estavan | davan | queriam | faziam | diziam | iam |

## Verbos irregulares

| | SER | TER | VIR | PÔR |
|---|---|---|---|---|
| Eu/Você Ele/Ela/A gente | era | tinha | vinha | punha |
| Nós | éramos | tínhamos | vínhamos | púnhamos |
| Vocês Eles/Elas | eram | tinham | vinham | punham |

**4.** Complete as frases usando os verbos do quadro no pretérito imperfeito.

fazer pôr vir ter pedir ser gostar trazer

**a.** Antigamente eu não ______________ de doces.

**b.** Quando ele era mais novo ______________ medo de cães.

**c.** Quando elas eram crianças ______________ à aula de carro com seu pai.

**d.** Minha mãe sempre ______________ uma fruta na minha mala antes de eu ir para a escola.

**e.** Nosso tio sempre ______________ brinquedos novos para a gente.

**f.** Angélica e Paula ______________ as melhores alunas da sala.

**g.** Ele e meu primo nunca ______________ a lição de casa.

**h.** Nossos sobrinhos sempre ______________ para viajar conosco.

**5.** Responda às perguntas usando o pretérito imperfeito.

**a.** O que você sempre fazia no seu primeiro ano na escola? ______________

______________

**b.** Como era o Natal em sua casa quando você era criança? O que você e sua família faziam?

______________

______________

**c.** Como você fazia para ir à escola? ______________

______________

**d.** Como você e sua família comemoravam os aniversários? ______________

______________

**6.** Os parágrafos a seguir estão no presente. Em seu caderno, reescreva-os, conjugando os verbos no pretérito imperfeito.

### Infância de Ana

Todos os finais de semana, Ana visita a chácara de seus avós. Lá, a menina tem toda a liberdade do mundo: brinca e alimenta os animais, corre pelo quintal, colhe frutas direto do pé, sobe nas árvores, pesca no lago e, naturalmente, se suja bastante. Seus pais acham isso bom para ela.

© 2000-2010 Dreamstime/Liubov Grigoryeva

## O dia a dia de Adamastor

Adamastor é um homem muito metódico. Todos os dias ele acorda às 6 da manhã, lava o rosto, faz a barba, toma o seu café e sai para o trabalho. Ele leva meia hora para chegar lá de ônibus e começa a trabalhar às oito da manhã. Ao meio-dia, volta para casa, almoça enquanto assiste o telejornal e retorna ao trabalho. Fica lá até as seis da tarde. Pega o ônibus, chega em casa, toma banho, assiste um pouco de televisão ou lê alguma coisa e vai dormir às nove e meia da noite.

## Plural de substantivos e adjetivos

**7.** As palavras abaixo foram retiradas do texto *Alimento da alma*. Todas estão no plural. Você sabe como elas são escritas no singular?

| | | |
|---|---|---|
| latas: ____ | vezes: ____ | emoções: ____ |
| escritores: ____ | recordações: ____ | sabores: ____ |
| especiais: ____ | | |

**8.** A palavra a seguir está escrita no singular. Você conhece o plural?

Aprendizagem: ____________

ATENÇÃO!
MÃE - MÃES
ALEMÃO - ALEMÃES
MÃO - MÃOS
IRMÃO - IRMÃOS
QUALQUER - QUAISQUER

| REGRA | AÇÃO | SINGULAR | PLURAL |
|---|---|---|---|
| Palavras terminadas em vogal | acrescenta-se a letra **s** ao final das palavras | lata | latas |
| Palavras terminadas em **ão** | modifica-se o final de **-ão** para **ões** | recordação<br>emoção | recordações<br>emoções |
| Palavras terminadas em **l** | a letra **l** é retirada e em seu lugar coloca-se **is** | especial | especiais |
| Palavras terminadas em **m** | a letra **m** é retirada e em seu lugar coloca-se **ns** | aprendizagem | aprendizagens |
| Palavras terminadas em **r** e **z** | acrescenta-se **es** | sabor<br>vez | sabores<br>vezes |

**9.** Agora, coloque as sentenças no plural.

**a.** Ele é um profissional responsável. ____________

**b.** O presente é sensacional. ____________

**c.** Esse doce é especial porque tem sabor muito bom. ____________

### Mãos à obra

Escreva um pequeno texto contando como era a sua infância. Segue a sugestão de alguns itens sobre os quais você pode escrever.

- Que tipo de criança você era? Comportada ou agitada?
- Como era sua vida em família?
- Quais eram as suas brincadeiras favoritas?
- Você gostava de ver televisão? O que você gostava de ver? Quais eram os seus desenhos animados favoritos?
- Você gostava de ler? O que você lia?

## Fique ligado

# A MORTE DA TARTARUGA

O menininho foi ao quintal e voltou chorando: a tartaruga tinha morrido. A mãe foi ao quintal com ele, mexeu na tartaruga com um pau (tinha nojo daquele bicho) e constatou que a tartaruga tinha morrido mesmo. Diante da confirmação da mãe, o garoto pôs-se a chorar ainda com mais força. A mãe a princípio ficou penalizada, mas logo começou a ficar aborrecida com o choro do menino. "Cuidado, senão você acorda o seu pai". Mas o menino não se conformava. Pegou a tartaruga no colo e pôs-se a acariciar-lhe o casco duro. A mãe disse que comprava outra, mas ele respondeu que não queria, queria aquela, viva! A mãe lhe prometeu um carrinho, um velocípede, lhe prometeu uma surra, mas o pobre menino parecia estar mesmo profundamente abalado com a morte do seu animalzinho de estimação.

Afinal, com tanto choro, o pai acordou lá dentro, e veio, estremunhado, ver de que se tratava. O menino mostrou-lhe a tartaruga morta. A mãe disse: – "Está aí assim há meia hora, chorando que nem maluco. Não sei mais o que faço. Já lhe prometi tudo mas ele continua berrando desse jeito". O pai examinou a situação e propôs: – "Olha, Henriquinho. Se a tartaruga está morta não adianta mesmo você chorar. Deixa ela aí e vem cá com o pai". O garoto depôs cuidadosamente a tartaruga junto do tanque e seguiu o pai, pela mão. O pai sentou-se na poltrona, botou o garoto no colo e disse: – "Eu sei que você sente muito a morte da tartaruguinha. Eu também gostava muito dela. Mas nós vamos fazer pra ela um grande funeral". (Empregou de propósito a palavra difícil). O menininho parou imediatamente de chorar. "Que é funeral?". O pai lhe explicou que era um enterro. "Olha, nós vamos à rua, compramos uma caixa bem bonita, bastante balas, bombons, doces e voltamos para casa. Depois botamos a tartaruga na caixa em cima da mesa da cozinha e rodeamos de velinhas de aniversário. Aí convidamos os meninos da vizinhança, acendemos as velinhas, cantamos o "Happy-Birth-Day-To-You" pra tartaruguinha morta e você assopra as velas. Depois pegamos a caixa, abrimos um buraco no fundo do quintal, enterramos a tartaruguinha e botamos uma pedra em cima com o nome dela e o dia em que ela morreu. Isso é que é funeral! Vamos fazer isso?". O garotinho estava com outra cara. "Vamos, papai, vamos! A tartaruguinha vai ficar contente lá no céu, não vai? Olha, eu vou apanhar ela". Saiu correndo. Enquanto o pai se vestia, ouviu um grito no quintal. "Papai, papai, vem cá, ela está viva!". O pai correu pro quintal e constatou que era verdade. A tartaruga estava andando de novo, normalmente. "Que bom, hein?" – disse. – "Ela está viva! Não vamos ter que fazer o funeral!" "Vamos sim, papai" – disse o menino ansioso, pegando uma pedra bem grande. "Eu mato ela".

MORAL: O IMPORTANTE NÃO É A MORTE, É O QUE ELA NOS TIRA.

FERNANDES, Millôr. *Fábulas fabulosas*. Rio de Janeiro: Nórdica, 1977. p. 108 -109.

Millôr Fernandes nasceu no dia 27 de maio de 1924, no Rio de Janeiro. Ele é escritor, poeta, tradutor, teatrólogo e ilustrador. Publica seus textos e desenhos humorísticos em vários jornais brasileiros. É reconhecido como um dos grandes intelectuais e jornalistas do país.

Folha Imagem/Ricardo Moraes

1. Você achou o texto engraçado? Explique.
2. Qual é a relação entre o texto e a moral da história?
3. A criança retratada lembra a sua infância?
4. A história *A morte da tartaruga* conta um episódio envolvendo uma criança e seus pais. Você tem alguma história peculiar que envolva você e sua família? Conte para os seus colegas.
5. Você gosta de bichos de estimação? Você tinha algum quando era criança? Você tem algum hoje? Fale um pouco sobre ele.
6. De que coisa da sua infância você sente mais falta?

# 6 Bate bola

## Qual é o esporte mais praticado no Brasil?

por Luiz Fujita

Se você chutou futebol, fez gol. A paixão nacional é praticada por mais de 30 milhões de brasileiros, segundo o *Atlas do Esporte no Brasil*, estudo mais completo até hoje, feito em 2003. Os 30 413 206 praticantes nacionais incluem profissionais e atletas de fim de semana. O futebol faz bonito também fora do Brasil, mas não há nenhuma pesquisa sobre o esporte mais popular do planeta – nem o Comitê Olímpico Internacional faz esse levantamento. Mas o COI diz que há "incontáveis milhões" de jogadores de tênis de mesa no mundo, o que o deixaria próximo do título de mais praticado no mundo. Veja abaixo os dez esportes mais populares no Brasil e seu respectivo número de adeptos no globo.

**PÁTRIA DE CHUTEIRAS**
**Lista dos sete esportes mais populares no país tem de futebol a capoeira**

| | |
|---|---|
| FUTEBOL | NATAÇÃO |
| Praticantes no Brasil em milhões: 30,4<br>Praticantes no mundo em milhões: 265 | Praticantes no Brasil em milhões: 11<br>Praticantes no mundo em milhões: -- |
| VÔLEI | FUTSAL |
| Praticantes no Brasil em milhões: 15,3<br>Praticantes no mundo em milhões: 500 | Praticantes no Brasil em milhões: 10,7<br>Praticantes no mundo em milhões: 1,1 |
| TÊNIS DE MESA | CAPOEIRA |
| Praticantes no Brasil em milhões: 12<br>Praticantes no mundo em milhões: 40 | Praticantes no Brasil em milhões: 6<br>Praticantes no mundo em milhões: 8 |
| SKATE | |
| Praticantes no Brasil em milhões: 2,7<br>Praticantes no mundo em milhões: -- | |

FUJITA, Luiz. *Qual é o esporte mais praticado no Brasil?* Disponível em: <http://mundoestranho.abril.com.br/esporte/qual-esporte-mais-praticado-brasil-496383.shtml>. Acesso em: 15 jan. 2010.

- Você pratica algum esporte? Qual?
- O que é necessário para praticar esse esporte?
- Qual é o esporte mais popular de seu país?
- Há algum esporte da lista que não seja praticado em seu país?

## Na ponta da língua

Batata da perna? Palma da mão? Conheça os nomes das partes do corpo humano.

Clarissa França. 2010. Digital

**1.** Leia as definições e preencha a cruzadinha com as partes do corpo humano.

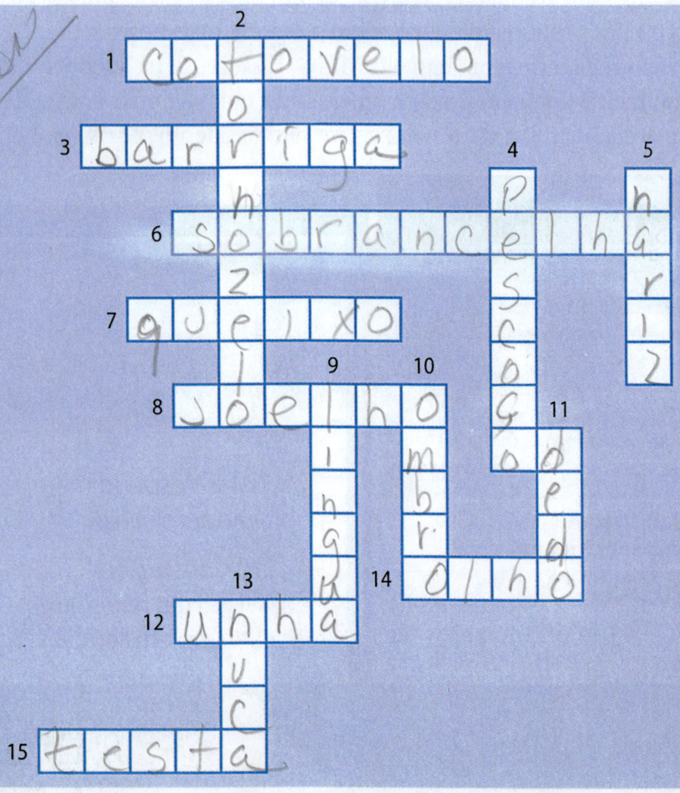

**HORIZONTAIS**

**1.** Pode ser dobrado; fica na metade do braço.
**3.** Quando comemos muito, sentimos que ela fica pesada.
**6.** Formada por pelos sobre os olhos.
**7.** Fica abaixo da boca e antes do pescoço.
**8.** Pode ser dobrado, fica na metade da perna.
**12.** Fica na ponta do dedo; é dura e cresce rápido.
**14.** Com ele, podemos ver.
**15.** Fica na cabeça, entre o cabelo e os olhos.

**VERTICAIS**

**2.** É a ligação da perna com o pé.
**4.** É a ligação entre a cabeça e o tronco.
**5.** Com ele, podemos sentir cheiros.
**9.** Com ela, podemos sentir gosto.
**10.** Fica na parte mais alta dos braços, perto do pescoço.
**11.** Temos 10 nas mãos e 10 nos pés.
**13.** É a parte de trás da cabeça.

2. Ouça o *podcast* com dicas sobre a prática de esportes e responda às perguntas.

**a.** De acordo com o *podcast*, quando as pessoas decidem fazer exercícios?

Quando percebe que a barriga está grande e a roupa fica apertada

**b.** O que é preciso fazer antes de começar a praticar esportes?

Consultar ao medico para ele avaliar a condição física

**c.** Para quem quer perder peso, quais são os exercícios mais recomendados?

Aeróbicos

**d.** Qual é o exercício mais recomendado pelos médicos? Por quê?

natação, tem menor impacto e exercita maior número de musculos.

**e.** O que é importante fazer para prevenir lesões?

Aquecimento e alongamento

**3.** Descreva as ações usando os nomes das partes do corpo. Veja o exemplo:

Ex.: escrever: *Para escrever, usamos as mãos, os dedos, o braço e os olhos.*

**a.** ler um livro: ____________________

**b.** conversar: ____________________

**c.** dirigir: ____________________

**d.** tocar violão: ____________________

**e.** lavar a louça: ____________________

**f.** cortar as unhas do pé: ____________________

**4.** Vários imprevistos podem acontecer no nosso dia a dia. Ouça os personagens contando os acidentes que aconteceram com eles e assinale a figura a que eles se referem.

( 4 ) Prender o dedo ou a mão

( 1 ) Bater a cabeça

( 3 ) Cair e esfolar o joelho

( 2 ) Dor de barriga

Laqua. 2010. 4 ilustração. Digital

## De ouvidos abertos

**1.** Ouça os exemplos e preste atenção na diferença entre os sons [ ʒ ] e [ ʃ ] em português. Em seguida, repita as palavras para treinar a sua pronúncia.

| Som "surdo" |
|---|
| [ʃ] = ch, x |
| chá |
| chuva |
| peixe |

| Som "sonoro" |
|---|
| [ʒ] = g, j |
| já |
| justo |
| gelo |

**2.** Ouça as palavras a seguir e assinale a coluna correta, indicando quando o som é [ ʃ ] ou [ ʒ ]. Depois, escreva a palavra ouvida.

| | [ʃ] | [ʒ] | PALAVRAS |
|---|---|---|---|
| 1 | | | |
| 2 | | | |
| 3 | | | |
| 4 | | | |
| 5 | | | |
| 6 | | | |
| 7 | | | |
| 8 | | | |
| 9 | | | |
| 10 | | | |

**3.** Você vai ouvir algumas frases com palavras que mudam de significado apenas por causa dos sons [ʃ] ou [ʒ]. Ouça e repita para treinar.

**a.** Você já tomou o chá?

**b.** Eu não me queixo desse queijo.

**c.** É chato o som do jato.

**d.** Quem viaja acha.

**e.** Tem gente na enchente.

## Tire de letra

Você viu que na lista dos esportes mais praticados pelos brasileiros está a capoeira. Leia o texto a seguir e saiba um pouco mais sobre essa luta. Depois, responda às questões.

### Qual é a origem da capoeira e quais os golpes mais acrobáticos?

A arte marcial nasceu no Brasil do século XVII, entre os negros bantus, etnia originária da África Central. O curioso é que "capoeira" é um termo tupi, que significa "mato ralo" e dá nome às clareiras onde os escravos praticavam a luta. Tudo indica que sua origem mais remota está no ritual n'golo – também conhecido como "dança da zebra" –, uma disputa física entre rapazes para decidir quem merece ficar com a moça que atingiu a idade de casar. Essa tradição bantu explica o fato

Folha Imagens/Rogério Canella

de terem surgido jogos semelhantes à capoeira em Cuba (mani) e na Martinica (ladja). Em nosso país, porém, ela ganhou outro ingrediente africano: a ladainha, cântico trazido pelos malês, negros muçulmanos do norte da África. Já o **berimbau**, um dos principais símbolos da capoeira, só foi adotado no início do século XX, apesar de também ter vindo de Angola, terra dos bantus.

Antes disso, o canto era acompanhado apenas por tambores. "Nas últimas décadas, a capoeira mudou muito, incorporando outros golpes e movimentos acrobáticos para apresentação", afirma o mestre Oscar Neto, da Escola Brasileira de Capoeira. "Hoje, ela é um misto de luta, dança e ginástica", diz. Acompanhe, [...] ao lado, alguns dos golpes mais difíceis e vistosos de seu arsenal.

### Voo giratório

**O golpe batizado de "martelo rodado" é uma introdução da capoeira moderna**

1)... O mestre ataca lançando a perna direita num chute lateral...
2)... E encerra o movimento com um potente chute frontal da perna esquerda, antes de completar o giro com o corpo no ar
3) O discípulo se esquiva do ataque, dobrando o corpo para trás...
4) ... E se afasta elegantemente com um macaquinho, salto que requer grande elasticidade

### Estética pura

**Acrobacias de efeito, como esta, são só para embelezar a luta**

1) Depois de um golpe rasteiro, o capoeirista se levanta...
2) ... E joga o corpo para trás em um mortal, manobra das mais difíceis para qualquer ginasta

### Pernada olímpica

**O "leque" ou "bico de papagaio" exige todo o equilíbrio do capoeirista**

1) Parece uma estrela (ou "aú", como é chamada na capoeira), mas o lutador paralisa o movimento no meio, requebrando os quadris
2) Parado numa posição de difícil equilíbrio, ele desfere o golpe com a perna esquerda

### Pontapé redobrado

**Dois chutes em um: é a "armada de duas pernas"**

1) Com um salto, o capoeirista lança ambos os pés na direção da cabeça do adversário...
2) ... Mas tem de completar o giro no ar para não aterrissar de costas para seu oponente

LEMOS. José Augusto. *Qual é a origem da capoeira e quais os golpes mais acrobáticos?*. Disponível em: <http://super.abril.com.br/esporte/qual-origem-capoeira-quais-golpes-mais-acrobaticos-442124.shtml>. Acesso em: 12 jan. 2010.

**1.** O que significa "capoeira"?

**2.** Você já tinha ouvido falar sobre a capoeira? O que você já sabia?

**3.** Há algum esporte que foi criado em seu país? Qual? Como ele é?

**4.** O que era a "dança da zebra"?

( ) Era uma disputa física para decidir quem merecia ficar com uma moça que atingiu a idade de casar.

( ) Era um misto de luta, dança e ginástica com golpes difíceis e vistosos.

( ) Jogos africanos embalados pela ladainha do berimbau.

5. Por que o mestre Oscar Neto afirma que a capoeira mudou muito nos últimos tempos?

______________________________

______________________________

______________________________

6. Por que o autor do texto diz que o fato de "capoeira" ser um nome tupi é "curioso"?

______________________________

______________________________

______________________________

7. Procure no texto palavras para completar o quadro.

| SUBSTANTIVOS | ADJETIVOS |
|---|---|
| | artístico |
| curiosidade | |
| | original, originário |
| dificuldade | |
| semelhança | |
| | idoso |
| acrobacia | |
| | tradicional |
| mocidade | |

## Tintim por tintim

# Uso dos pretéritos perfeito e imperfeito

"A arte marcial **nasceu** no Brasil do século XVII, entre os negros bantus, etnia originária da África Central. O curioso é que "capoeira" é um termo tupi, que significa "mato ralo" e dá nome às clareiras onde os escravos **praticavam** a luta."

Como você pode observar, um dos verbos está no pretérito imperfeito e outro no pretérito perfeito. Por que isso acontece?

______________________________

______________________________

1. A seguir você vai ler uma pequena biografia de Charles Miller, o introdutor do futebol no Brasil. Complete o texto usando verbos no pretérito perfeito e imperfeito.

### Charles William Miller

Charles Miller (ser) ______ jogador, árbitro, dirigente e é considerado o pai do futebol no Brasil. Apaixonado por esportes, também (ser) ______ o fundador da Associação Paulista de Tênis.

Nascido no bairro paulistano do Brás, filho de um escocês e uma brasileira de origem inglesa, Charles Miller (viajar) ______ para Hampshire, na Inglaterra, aos nove anos de idade para estudar. Lá (aprender) ______ a jogar futebol, rugby e críquete.

Aos 17 anos, Charles já se (destacar) ______ no futebol, o que lhe (dar) ______ a chance de disputar 34 partidas pela Banister School, marcando 51 gols. Pelo St. Mary ele (jogar) ______ 13 partidas e (fazer) ______ três gols. Pelo Condado de Hampshire também (emplacar) ______ três gols, só que em seis partidas. Isso, além de enfrentar por duas vezes o famoso time inglês Corinthian (sem o "s"), que serviria de inspiração aos paulistas em 1910.

Charles Miller (retornar) ______ ao Brasil em 1894 para trabalhar na São Paulo Railway Company (Companhia Inglesa de Ferrovias), tornando-se também correspondente da Coroa Britânica e vice-cônsul inglês em 1904.

Na época do seu retorno, (haver) ______ apenas um clube na cidade, o São Paulo Athletic, fundado em maio de 1888 pela colônia britânica, que (oferecer) ______ a prática do críquete. Como havia trazido duas bolas da Inglaterra, uniformes e um conjunto de regras, Miller (tentar) ______ difundir o futebol. O primeiro jogo foi realizado em 15 de abril de 1895 entre Funcionários da Companhia de Gás X Companhia Ferroviária São Paulo Railway. [...]

©Wikipédia Commons/Not known

Disponível em: <http://educacao.uol.com.br/biografias/ult1789u725.jhtm> Acesso em: 10 jan. 2010.

2. Siga o modelo e crie frases utilizando os verbos entre parênteses nos pretéritos perfeito e imperfeito para descrever duas ações que aconteceram simultaneamente. Veja o exemplo:

ex.: eu (trabalhar/viajar)
*Eu trabalhava em outra empresa quando viajei.*

a. ele (morar/entrar na faculdade)
Ele morava em São Paulo quando entrou na faculdade.

b. elas (ser/ganhar uma bicicleta)
Elas eram muito novas quando ganharam uma bicicleta.

c. nós (estar/tocar o telefone)
Nós estávamos jantando quando tocou o telefone.

d. vocês (ser/ganhar na loteria)
Vocês eram pobres quando ganharam na loteria.

## Mãos à obra

1. Você é fã de algum esportista? Qual?
Escreva um texto contando um pouco sobre a vida dessa personalidade. Relate os seus feitos, como iniciou no esporte, o que ele faz hoje, etc.
Se você não se interessa especialmente por ninguém, relate um evento esportivo que tenha marcado a sua vida ou que esteja vivo na sua memória.

## Fique ligado

Você conhece alguma expressão popular brasileira?
Leia os exemplos e ligue as colunas para descobrir os seus significados.

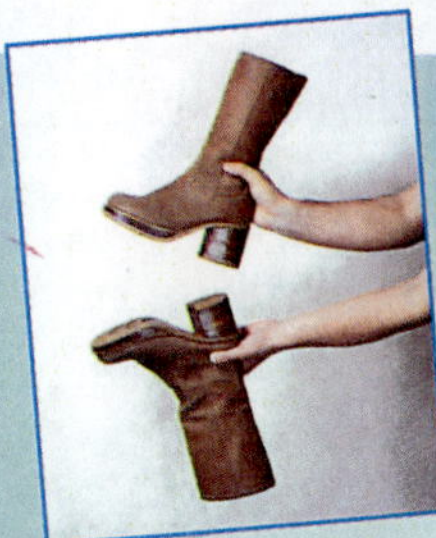

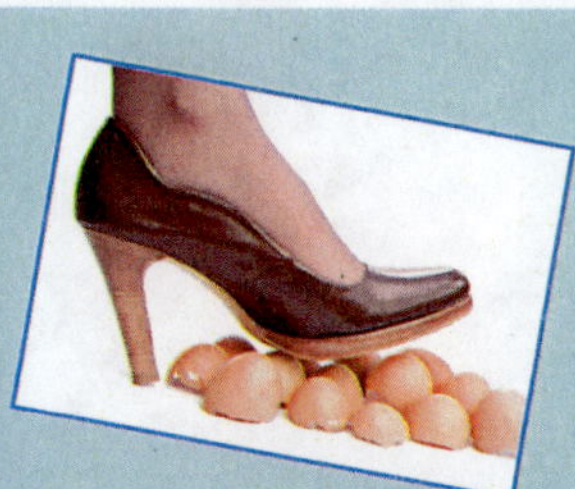

a. Meu primo não conseguiu o emprego porque ele é **cabeça de vento**.

b. Antônio, estou com muito trabalho, você poderia me **dar uma mão** e levar o lixo para fora?

c. Vamos fazer uma festa surpresa para a Mara. Mas cuidado para não **dar com a língua nos dentes**!

d. Ela é muito antipática. Trabalha aqui na loja porque **tem as costas quentes**.

e. Para você conseguir conquistar tudo o que quer, precisa **ter peito**.

f. Acho que o encanador não está fazendo bem o trabalho. Vou **ficar de olho**!

g. O Carlão deixou a namorada, então ela arrumou outro e agora ele está com **dor de cotovelo**.

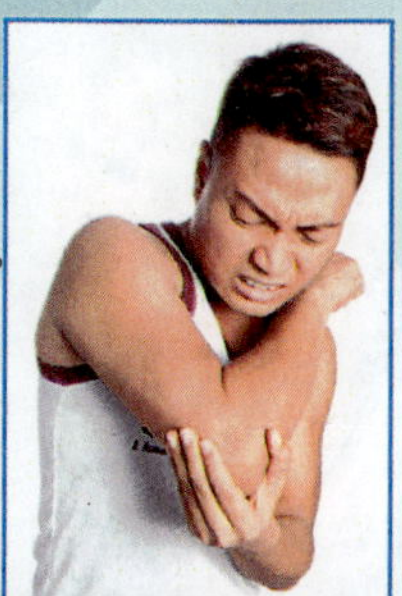

( c ) contar algum segredo que não se deve
( f ) prestar atenção
( e ) ter coragem
( g ) inveja, ciúmes
( b ) ajudar
( d ) tem amigos importantes
( a ) ser desligado

cabeça de porongo

# 7 Vida moderna

Laqua. 2010. Digital

O trânsito, a instabilidade no emprego, a quantidade de trabalho, a violência, as exigências constantes geraram um dos grandes males da vida moderna: o estresse.

Observe as imagens e identifique as situações que podem gerar esse mal estar.

- Qual dessas imagens chama mais sua atenção? Por quê? O que você faz numa situação como essa?
- Você sabe o que é estresse?
- Além dos elementos mostrados nas fotos, o que mais deixa você estressado(a) ou irritado(a)?
- O que você faz quando está estressado(a) para aliviar a tensão?

## Na ponta da língua

1. O estresse é um dos males da vida moderna, Marcos vem sofrendo com esse problema e decidiu fazer uma consulta médica. Ouça o diálogo e marque (V) para as afirmações verdadeiras ou (F) para as falsas.

( ) O Sr. Marcos sente-se cansado, com insônia, sem apetite.
( ) Ele frequentemente está com dores nas pernas, braços e costas.
( ) Ele sente falta de ar e seu coração bate mais rápido.
( ) Ele trabalha no banco há 42 anos.
( ) Ele trabalha 9 horas por dia.
( ) Ele se alimenta mal, fuma e toma muito café.
( ) Ele tem dores de cabeça sempre, mas raramente pega gripes e resfriados.
( ) O médico lhe dá alguns remédios, uma dieta e exames para fazer.
( ) O médico quer vê-lo novamente daqui a um mês.

| SINTOMAS E DOENÇAS | | | |
|---|---|---|---|
| Estar com... | Ter... | Ficar... | Pegar... |
| dor de cabeça/de ouvido/de dente/nas pernas/nas costas/nos pés | falta de apetite/insônia/taquicardia/inflamação/depressão/febre | irritado/nervoso | gripe, resfriado |

2. Utilize as informações das fichas médicas a seguir e prepare, junto com um colega, um diálogo representando uma consulta ao médico.

**Ficha 1**

Paciente Sr.(a): Marilene Vargas
Sintomas: tosse, febre, dor de garganta, dores no corpo
Diagnóstico: gripe
Tratamento: remédio contra febre, xarope para a tosse, vitamina C e repouso

**Ficha 2**

Paciente: Sr.(a): Carlos Figueiredo
Sintomas: dor de cabeça, vômito, dores no corpo
Diagnóstico: intoxicação alimentar
Tratamento: soro para repor líquidos, repouso, alimentação leve

## De ouvidos abertos

1. A letra **r**, em português, pode representar diferentes sons. Ouça os exemplos e tente perceber a diferença entre eles.

| [ h ] = r, rr |
|---|
| rua |
| carro |

| [ r ] = r |
|---|
| fazer |
| caro |

**2.** Marque a coluna com o som que você ouve.

| | [h] | [r] |
|---|---|---|
| nervoso | | |
| garganta | | |
| irritado | | |
| coração | | |
| engarrafamento | | |
| carneiro | | |
| remédio | | |
| resultado | | |

**3.** Ouça os diálogos e, para cada situação, assinale a palavra-chave.

**Situação 1**
caro
carro

**Situação 2**
carreta
careta

**Situação 3**
varra
vara

## Tire de letra

Nesta unidade, já vimos o que pode causar estresse e o como ele pode nos afetar. Agora, leia o texto e conheça algumas dicas de como combatê-lo, em seguida, responda às questões.

http://saude.abril.com.br/edicoes/0286/bem_estar/conteudo_237558.shtml?pag=2

# Três estratégias contra o estresse

por Samuel Ribeiro

Engarrafamentos, reprovações na faculdade, problemas profissionais, espera no aeroporto... Levante a mão quem nunca ficou com os nervos à flor da pele diante de uma dessas situações. Felizmente, há formas de evitar que seu pavio fique ainda mais curto. Tudo depende de como a gente lida com os acontecimentos.

É o que prega a terapia cognitiva comportamental, hoje uma das linhas da psicologia mais em voga quando o assunto é tratamento do estresse. De acordo com essa corrente, os eventos em si não são estressantes. Na verdade, é a forma como os encaramos que pode ou não deflagrar toda a tensão. SAÚDE! conversou com José Roberto Leite, especialista na terapia e professor da Universidade Federal de São Paulo, a Unifesp. Abaixo, ele recomenda três estratégias para você não se tornar refém do estresse no dia a dia. Veja quais são elas:

## Respire fundo

Esse simples ato pode ajudá-lo a ficar imune às explosões de mau humor. O método mais indicado é a respiração diafragmática, aquela na qual a gente utiliza o diafragma, músculo localizado na base dos pulmões. Veja como realizá-la:

Coloque a mão na barriga e inspire, expandindo-a e contando até quatro. Após segurar um pouco o ar, solte-o muito lentamente, contando até seis. Isso fará com que o seu coração bata num ritmo mais calmo. É bem provável que você fique relaxado e tenha uma leve sonolência.

## Medite

Esvaziar a mente é outra maneira eficiente de mandar o nervosismo para as cucuias. Ao meditar, a pessoa passa a encarar as situações que lhe aborrecem de um jeito mais leve. Isso porque, ao se desligar das preocupações por alguns instantes, ela para de remoer o que a incomoda.

Engana-se quem acha que é preciso de técnicas complicadas para meditar: prestar atenção nos seus pensamentos é uma forma simples de meditação.

## Faça terapia

Se nenhuma das alternativas acima surtiu efeito, o melhor é procurar ajuda especializada. A terapia geralmente empregada é a cognitiva comportamental. O terapeuta tenta minimizar o incômodo que uma determinada situação provoca no indivíduo.

Aquela ansiedade exagerada que surge quando a gente espera horas a fio numa fila de banco muitas vezes não tem uma causa lógica. É isso o que o especialista tenta demonstrar ao paciente, fazendo com ele questione os motivos que o levam a se estressar em demasia. No final das contas, a pessoa passa a enfrentar de uma maneira melhor os entraves diários.

Ribeiro, Samuel. *Três estratégias contra o estresse*. Disponível em: <http://saude.abril.com.br/edicoes/0286/bem_estar/conteudo_237558.shtml?pag=2>. Acesso em: 20 dez. 2009.

1. Analise o contexto em que as expressões em negrito foram usadas e relacione as duas colunas, indicando o seu significado.

   **a.** "há formas de evitar que seu **pavio** fique ainda mais **curto**." (1º parágrafo)

   **b.** "quem nunca ficou com os **nervos à flor da pele**." (1º parágrafo)

   **c.** "uma das linhas da psicologia mais **em voga**." (2º parágrafo)

   **d.** "**mandar** o nervosismo **para as cucuias**." (5º parágrafo)

   **e.** "ao se desligar das preocupações por alguns instantes, ela para de **remoer** o que a incomoda." (5º parágrafo)

   **f.** "a pessoa passa a enfrentar de uma maneira melhor os **entraves** diários." (5º parágrafo)

   ( ) ficar livre de algo
   ( ) obstáculos, dificuldades
   ( ) na moda, muito usado
   ( ) irritar-se facilmente
   ( ) ficar muito nervoso
   ( ) pensar insistentemente em algo

2. Quais são as três formas de aliviar o estresse?

3. O que diz a terapia cognitiva comportamental a respeito do estresse?

4. De que maneira respirar mais fundo pode ajudar a diminuir o estresse?

5. Como a meditação auxilia na diminuição do estresse?

## Tintim por tintim

# Imperativo

O imperativo é utilizado para indicar ordens, pedidos, sugestões, advertências, etc. Observe o uso desse modo no seguinte trecho do texto e, depois, aprenda como conjugar os verbos:

"**Coloque** a mão na barriga e **inspire**, expandindo-a e contando até quatro. Após segurar um pouco o ar, **solte**-o muito lentamente, contando até seis."

## Verbos regulares

| | SOLTAR | ESCREVER | ABRIR |
|---|---|---|---|
| Singular | solt**e** | escrev**a** | abr**a** |
| Plural | solt**em** | escrev**am** | abr**am** |

## Verbos irregulares

| | SER | ESTAR | HAVER | DAR | QUERER | SABER | IR |
|---|---|---|---|---|---|---|---|
| Singular | seja | esteja | haja | dê | queira | saiba | vá |
| Plural | sejam | estejam | hajam | dêem | queiram | saibam | vão |

**IMPERATIVO INFORMAL**

NO DIA A DIA, EM VEZ DO MODO IMPERATIVO, É MUITO COMUM AS PESSOAS USAREM OS VERBOS NO PRESENTE, NA 3ª. PESSOA DO SINGULAR, PARA INDICAR ORDENS, PEDIDOS, SUGESTÕES, ETC.

| | IMPERATIVO FORMAL | IMPERATIVO INFORMAL |
|---|---|---|
| ANDAR | ANDE | ANDA |
| COMER | COMA | COME |
| ABRIR | ABRA | ABRE |
| DIZER | DIGA | DIZ |
| IR | VÁ | VAI |

**1.** Dê conselhos a estas pessoas usando o imperativo.

**a.** Um colega está muito estressado.

Faça exercicios de respiração ~~de~~ na manhã e na noite.

**b.** Um amigo seu quer arrumar uma namorada.

Seja muito ~~cortez~~ gentil! e educado, não seja preconceituoso

**c.** Sua prima quer estudar na mesma escola/faculdade que você.

Estude muito para ~~fazer~~ tirar ~~bom punt~~ boa nota no exame

**d.** Uma pessoa está vindo ao seu país e quer se sentir bem.

Aprenda umas ~~e~~ expreções básicas para cumprimentar as pessoas

**e.** A sua vizinha de 90 anos quer aprender a usar o computador.

Parabens! Começe por fazer exercicios com o mouse.

**2.** Veja as placas e escreva as instruções que elas indicam, usando o imperativo.

**a.** 

Não fume

**b.** 

Não alimente

**c.** 

Não ~~joge~~ jogue lixo

**d.** 

Não ligue

**e.** 

Não entre com cachorros

**f.** 

Pare

**3.** O imperativo não é a única forma para se dar conselhos. Veja o exemplo a seguir e faça o mesmo com as outras frases.

Faça a tarefa!
É melhor fazer a tarefa.

**Outras expressões também usadas para conselhos:**
"o melhor é"
"é melhor"
"é bom"

**a.** Descanse bastante.

É melhor descansar bastante.

**b.** Saia com seus amigos.

É bom sair com seus amigos.

**c.** Assista a um filme de que você gosta.

O melhor é assistir a um filme de que você gosta.

**d.** Vá à praia e relaxe.

É bom ir à praia e relaxar.

**e.** Ouça a sua música favorita.

É melhor ouvir a sua musica favorita

## Mãos à obra

Em um *site* de internet, há um fórum sobre o que as pessoas fazem para se livrar do estresse. Contribua e dê conselhos para outras pessoas.

Registrar | Perguntas Frequentes | Calendário | Posts de Hoje | Pesquisar ▼

Resposta — Página 2 de 2 < 1 2

LinkBack | Ferramentas do Tópico | Pesquisar neste tópico ▼

**Maria**
Senior Member

Prefiro ouvir música, independente do gênero. Não gosto de fazer exercício e nem de meditar. Então, prefiro as atividades intelectuais: leitura, música, pintura. Ah... um banho bem demorado sempre ajuda!

Tema

Eu gosto de sair para caminhar, ~~as vezes~~ outras vezes prefiro ouvir musica, dançar o fazer exercicio suave. Fazer manualidades pode ajudar também.

## Fique ligado

O texto a seguir é uma crônica, gênero literário praticado por muitos escritores brasileiros. Trata-se de um texto curto, que retrata algum tema do cotidiano – de tom cômico ou não – cujo final apresenta uma reflexão.

A crônica a seguir foi escrita por Paulo Mendes Campos, considerado um dos maiores cronistas brasileiros.

### Chatear e encher

"Um amigo meu me ensina a diferença entre 'chatear' e 'encher'.

Chatear é assim:

Você telefona para um escritório qualquer na cidade.

– Alô! Quer me chamar por favor o Valdemar?

– Aqui não tem nenhum Valdemar.

Daí a alguns minutos você liga de novo:

– O Valdemar, por obséquio.

– Cavalheiro, aqui não trabalha nenhum Valdemar.

– Mas não é do número tal?

– É, mas aqui não trabalha nenhum Valdemar.

André Muller. 2010. Digital

Mais cinco minutos, você liga o mesmo número:

– Por favor, o Valdemar já chegou?

– Vê se te manca, palhaço. Já não lhe disse que o diabo desse Valdemar nunca trabalhou aqui?

– Mas ele mesmo me disse que trabalhava aí.

– Não chateia.

Daí a dez minutos, liga de novo.

– Escute uma coisa! O Valdemar não deixou pelo menos um recado?

O outro desta vez esquece a presença da datilógrafa e diz coisas impublicáveis.

Até aqui é chatear. Para encher, espere passar mais dez minutos, faça nova ligação:

– Alô! Quem fala? Quem fala aqui é o Valdemar. Alguém telefonou para mim?"

CAMPOS, Paulo Mendes. Chatear e encher. In: *Para gostar de ler.* São Paulo: Ática, 1983. p. 35. v. 2.

**1.** Com base em sua leitura, marque (V) para verdadeiro ou (F) para falso. Depois, corrija as afirmações falsas.

( ) É humorístico.
( ) Apresenta linguagem simples e direta.
( ) Trata de um tema muito sério.
( ) Não contém diálogos.
( ) Os personagens conversam pelo telefone.

**2.** Encontre entre as alternativas o significado dos verbos "chatear" e "encher", de acordo com o texto.

( 1 ) chatear
( 2 ) encher

( ) incomodar
( ) fazer ficar cheio
( ) tornar chato
( ) provocar

**3.** Relacione as expressões em negrito ao seu significado de acordo com o texto.

**a.** "O Valdemar, **por obséquio**."

**b.** "**Vê se te manca**, palhaço."

**c.** O Valdemar não deixou pelo menos um **recado**?

**d.** "Não **chateia**."

( ) perceba que está errado
( ) incomode
( ) mensagem
( ) por favor

# 8 Com que roupa?

Mais do que cobrir o corpo, a roupa hoje é considerada uma forma de expressão. Do ***hippie*** ao *punk*, a vestimenta ajuda a definir o estilo e a identidade das pessoas. Você concorda com isso?

- Você segue algum estilo? Qual?
- O que as suas roupas dizem sobre você?
- O que é mais importante para você: estilo ou conforto?
- Você acha importante se vestir na moda?

## Na ponta da língua

1. Vanessa trabalha em uma loja de roupas femininas. Ouça-a atendendo a três clientes e complete o quadro com as informações pedidas.

| | Fez o quê? | Quanto pagou? | Como pagou? |
|---|---|---|---|
| Cliente 1 | | | |
| Cliente 2 | | | |
| Cliente 3 | | | |

**Comprar roupas**

Eu queria ver...
Estou só olhando.
Eu queria trocar.

Qual tamanho?
Posso provar?
Posso experimentar?
Onde é o provador?

2. Você conhece os nomes das peças de roupa? Observe as ilustrações e complete as informações, usando a paleta de cores.

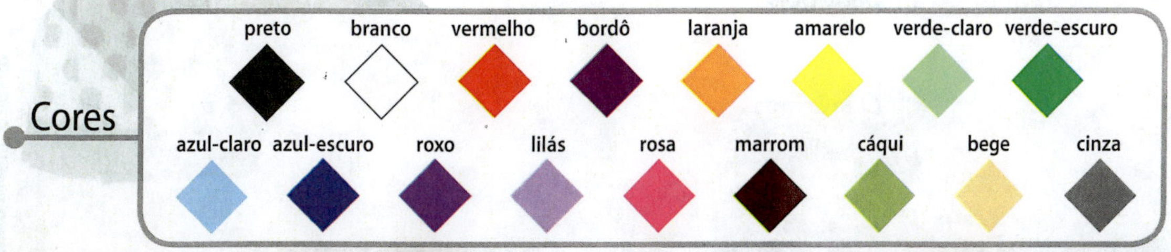

Clarissa França. 2010. 4 ilustração. Digital

Clarissa França. 2010. 2 ilustração. Digital

3. Descubra as estampas fazendo a relação entre os nomes e as imagens.

a. Blusa estampada

b. Suéter listrado

c. Bermuda xadrez

d. Calça florida

e. Vestido "de bolinha" ou "petit-pois"

© 2003-2009 Shutterstock Images LLC; © 2003-2009 Shutterstock Images LLC/Jocicalek; © 2000-2010 Dreamstime/Kalina Vova; © 2000-2010 Dreamstime./Igor Terekhov; © 2000-2010 Dreamstime

4. O que você está vestindo hoje? Agora que você já conhece os nomes das roupas, conte o que você está usando para os colegas.

Eu estou usando... / estou vestindo... / estou com...

5. Que peças de roupa você acha mais adequadas para usar nas situações a seguir?

a. Para ir a um acampamento:

b. Para ir a uma entrevista de emprego:

c. Para ir a uma festa na casa de amigos:

d. Para ir à praia:

6. Você está precisando de alguma roupa nova? Trabalhe com um colega e prepare um diálogo em que você vai à loja comprar algo novo. Depois, apresente aos colegas.

## De ouvidos abertos

**1.** A letra **x** pode representar quatro sons distintos em português. Ouça os exemplos e descubra quais são.

[ ʃ ] = México [ ks ] = táxi [ s ] = exterior [ z ] = exame

**2.** Marque a coluna com o som correspondente.

| | [ ʃ ] | [ ks ] | [ s ] | [ z ] |
|---|---|---|---|---|
| xadrez | | | | |
| experimentar | | | | |
| exercício | | | | |
| tórax | | | | |
| exatamente | | | | |
| têxtil | | | | |
| roxo | | | | |
| existe | | | | |
| exigente | | | | |
| flexível | | | | |

**3.** Você sabe qual é o som da letra **x** das palavras do quadro? Classifique-as marcando as colunas.

| | [ ʃ ] | [ ks ] | [ s ] | [ z ] |
|---|---|---|---|---|
| máximo | | | | |
| sexta-feira | | | | |
| deixar | | | | |
| exército | | | | |
| exclusivo | | | | |
| texto | | | | |
| látex | | | | |
| experiência | | | | |
| exemplo | | | | |
| extrair | | | | |
| tóxico | | | | |
| baixo | | | | |
| expressão | | | | |
| sexo | | | | |
| exceção | | | | |
| explicar | | | | |
| executar | | | | |
| enxugar | | | | |
| táxi | | | | |

## Tire de letra

Além da roupa, as pessoas têm outras formas de mostrar seu estilo. A seguir você vai ler um texto sobre um evento em São Paulo cujo tema é a *body art*. Você sabe o que é isso?

http://veja.abril.com.br/noticia/variedades/body-art-sao-paulo-506292.shtm

# Evento em São Paulo discute a *body art*

Por Branca Nunes

© 2000-2010 Dreamstime/William Casey

O paulistano Luciano Iritsu é *piercer*, um profissional especializado na colocação de *piercings* em quem deseja aplicar uma pequena joia no nariz, por exemplo, ou em alguma outra parte do corpo. O *piercing*, assim como a tatuagem, é uma das manifestações da chamada *body art* ou *body modification* – intervenção no corpo como forma de expressão pessoal ou artística e tema de um evento que ocorre neste sábado, dia 17, em São Paulo. Ao lado do artista e historiador T. Angel, Iritsu comandará a abertura da Frrrkcon, a maior convenção de praticantes e profissionais da arte de modificar o corpo do país. [...]

© 2003-2009 Shutterstock Images LLC/MaxFX

É difícil não se assustar com esse universo num primeiro momento, mas ao contrário do que muitos imaginam, ele está longe de ser composto por excêntricos mal encarados que enxergam a dor como forma de autoflagelação. As protuberâncias na pele lembram chifres demoníacos, os alargadores abrem rombos até na lateral do nariz, as cicatrizes brotam em qualquer espaço de pele livre e as tatuagens não são mais contadas por unidades, mas por membros ("um braço", "duas pernas", "o pescoço"). Há intervenções ainda mais ousadas. Apesar disso, os adeptos da modificação do corpo são, no geral, pessoas calmas e sensíveis.

"O estranhamento acontece porque essa forma de estética corporal se afasta do modelo aceito pela sociedade", afirma a antropóloga Claudia Machado de Souza, que prepara a tese de mestrado sobre o tema e conduzirá a palestra *Perspectivas Antropológicas do Corpo e da Body Modification* durante a Frrkcon. "Essas pessoas não formam uma tribo homogênea. Alguns encaram a arte de modificar o corpo como algo estético, outros, espiritual. Há também as tendências artísticas e lúdicas. No fundo, é a expressão da subjetividade de cada um".

NUNES, Branca. Disponível em: <http://veja.abril.com.br/noticia/variedades/body-art-sao-paulo-506292.shtml>. Acesso em: 1º fev. 2009.

No Egito, perfurar o umbigo era privilégio dos nobres – "As modificações corporais existem há quase 5 000 anos", conta Ronaldo Sampaio Snoopy, vice-presidente do Sindicato dos Estúdios de Tatuagens e *Body Piercing* do Estado de São Paulo (Setap). "O que é feito hoje nada mais é do que a evolução dessas perfurações primitivas".

No Egito, perfurar o umbigo era privilégio dos nobres. Os japoneses mediam a sabedoria pelo alargamento dos lóbulos das orelhas e, nas tribos africanas, estética e intervenções corporais andam de mãos dadas até hoje. No Brasil, as modificações chegaram de forma mais intensa em 2001 pelas mãos de André Fernandes. Depois de ler uma revista sobre diferentes formas de colocação de *piercings*, o brasileiro viajou para a França, a Venezuela, a Finlândia e os Estados Unidos para se aperfeiçoar antes de trazer as novidades para o país.

Getty Images/National Geographic/Volkmar K. Wentzel

1. De acordo com o texto, o que é *body art*?

2. Retire do texto duas passagens em que a autora procura rever como os adeptos do *body art* são vistos.

3. O que a antropóloga Claudia Machado de Souza quis dizer com a frase "Essas pessoas não formam uma tribo homogênea."?

4. O que você acha de *body art*? Você tem alguma tatuagem ou *piercing*? Você faria alguma dessas modificações corporais? Quais?

## Tintim por tintim

# Comparativos e superlativos

André Muller. 2010. 2 ilustração. Digital

### Antes

Antes, Carolina era uma menina tímida que não se preocupava com a aparência. Suas roupas eram antiquadas, sem vida e sem cor. As calças eram maiores do que deveriam e estavam desgastadas.

### Depois

Agora, Carolina é uma mulher moderna. Suas roupas estão mais bonitas e caem melhor. As cores são mais vivas o que realça a sua beleza natural.

1. Complete as frases abaixo usando *maior, menor, melhor e pior.*
   - **a.** Usar bermuda no calor é melhor do que no frio.
   - **b.** Um calção é menor do que uma calça.
   - **c.** Num dia frio, vestir apenas uma camiseta é pior do que estar de suéter.
   - **d.** Um sobretudo é maior do que um casaco.

2. Crie frases comparativas usando as palavras entre parênteses como no modelo.

   Ex.: (*piercing*/tatuagem)

   *Tatuagem é mais bonito do que piercing.*

   **a.** (camiseta/camisa)

   Eu gosto mais de usar camiseta do que usar camisa.

   **b.** (calça/bermuda)

   Eu acho calças mais ~~elegantes~~ apropiadas do que bermudas.

MAIOR = GRANDE
MENOR = PEQUENO
MELHOR = BOM
PIOR = RUIM

**Para fazer comparações, sempre utilizamos a seguinte estrutura:**

**mais + adjetivo + do que**

**menos + adjetivo + do que.**

**c.** (chapéu/boné)

Chapéu é tão util ~~tanto~~ quanto boné.

**d.** (tênis/sapato)

Eu acho tênis menos confortável do que sapato.

**e.** (bota/sapato)

~~Bota~~ ~~No~~ inverno bota é mais quente do que sapato.

## Mãos à obra

Agora é a sua vez!

Escolha uma foto sua, ou de uma pessoa famosa, e escreva dois perfis: um sobre como costumava ser e outro sobre como é hoje. Compare as imagens e apresente a sua opinião.

## Fique ligado

No texto a seguir, é apresentado o resultado de uma pesquisa sobre vaidade em diferentes países. Leia e responda às questões.

### Brasileiros são campeões de vaidade

Pesquisa internacional listou os países mais preocupados com a beleza. Na lista de cuidados, o cabelo e a pele foram os mais mencionados

Do G1, em São Paulo, com informações do Jornal Hoje

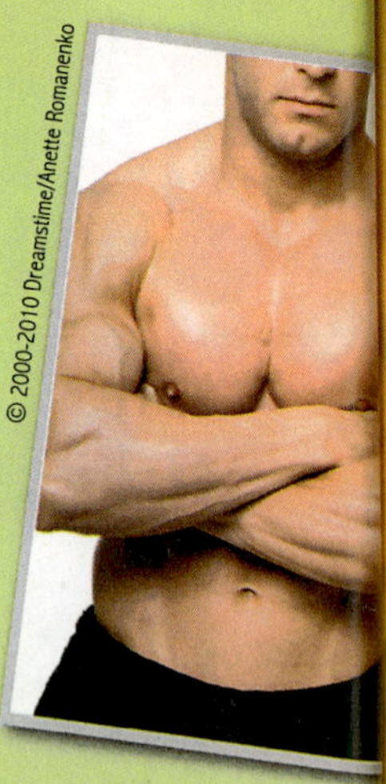



Uma pesquisa internacional realizada em vários países com mais de 25 mil pessoas revelou que o povo brasileiro é o mais vaidoso. Na lista de cuidados com a beleza, o cabelo e a pele foram os mais mencionados.

Entre os brasileiros entrevistados, 87% declararam se preocupar o tempo todo com o estilo e a aparência.

Atrás, ficaram os portugueses, com o segundo lugar; e os gregos, com o terceiro. Os franceses ficaram com o oitavo lugar e os argentinos, em nono. A última da lista foi a população da Noruega.

A consultora de imagem Titta Aguiar explica porque os homens e as mulheres brasileiras, principalmente, gostam tanto de investir em estilo. "Nós somos extremamente criativos, o brasileiro ousa muito. Ele não tem medo de mudanças. No verão, época de pele bronzeada, quem não tem tempo de tomar sol vai fazer bronzeamento artificial. No inverno, de repente, a pessoa escurece o cabelo."

Disponível em: <http://g1.globo.com/Noticias/Brasil/0,,MUL21042-5598,00.html>. Acesso em: 11 dez. 2009.

1. Você é vaidoso(a)? Comente.
2. Como são as pessoas de seu país em relação à vaidade? Como elas costumam se vestir?
3. Você conhece alguém muito vaidoso? Conte um pouco sobre ele/ela.

# APÊNDICE

## Sons do português

| VOGAIS ORAIS | | | VOGAIS NASAIS | | |
|---|---|---|---|---|---|
| SOM | GRAFIA | EXEMPLO | SOM | GRAFIA | EXEMPLO |
| [a] | a | gato | [ã] | ã, am, an | maçã, tambor, andar |
| [e] | e, ê | pelo, tênis | [ẽ] | em, en | tempo, então |
| [ɛ] | e, é | médio, quero | [ĩ] | im, in | impor, cinto |
| [i] | I, í | isto, saída | [õ] | õ, om, on | corações, sombra, conto |
| [o] | o, ô | torre, ônibus | [ũ] | um, un | tumba, junto |
| [ɔ] | o, ó | moto, pó | | | |
| [u] | u, ú | uva, baú | | | |

| CONSOANTES | | | | | |
|---|---|---|---|---|---|
| SOM | GRAFIA | EXEMPLO | SOM | GRAFIA | EXEMPLO |
| [b] | ba, be, bi, bo, bu | bola | [n] | na, ne, ni, no, nu | nata, neto, noite |
| [d] | da, de, do, du | dar | [ɲ] | nha, nhe, nhi, nho, nhu | ganhar, nenhum |
| [dʒ] | di | dia | [p] | pa, pe, pi, po, pu | passo, peso |
| [f] | fa, fe, fi, fo, fu | foto | [h] | ra, re, ri, ro, ru, rr | rato, carro |
| | | | [r] | ra, re, ri, ro, ru, r | areia, caro, cara |
| [g] | ga, go, gu, gue, gui | gato, gota, angu, guerra, guitarra | [s] | ce, ci, ça, ço, çu, sa, se, si, so, su, ss, xce, xci | cedo, começar, sapo, sossego, exceção |
| [ʒ] | ja, je, ji, jo, ju | jato, jeito, jipe, jornal, junto | [t] | ta, te, to, tu | taça, tudo |
| [k] | ca, co, cu, que, qui | casa, cor, óculos, queijo, quilograma | [tʃ] | ti | tia |
| [l] | la, le, li, lo, lu | lata | [v] | va, ve, vi, vo, vu | valor, vela |
| [ʎ] | lh | malha, lhe, velho | [ʃ] | cha, che, chi, cho, chu, xá, xe, xi, xo, xu | chuva, xícara |
| [m] | ma, me, mi, mo, mu | matar, mesa | [z] | sa, se, si, so, su, xa, xe, xi, xô, xu, za, ze, zi, zo, zu | casa, fase, exame, exemplo, zebra |

## Pronomes

| PRONOMES PESSOAIS |
|---|
| Eu |
| Você |
| Ele/Ela |
| A gente |
| Nós |
| Vocês |
| Eles/Elas |

| PRONOMES POSSESSIVOS | |
|---|---|
| Eu | meu, minha, meus, minhas |
| Você | seu, sua (teu, tua), seus, suas (teus, tuas) |
| Ele/ela | seu, sua, seus, suas, dele, dela |
| A gente | da gente |
| Nós | nosso, nossa, nossos, nossas |
| Vocês | seu, sua, seus, suas, de vocês |
| Eles/elas | seu, sua, seus, suas, deles, delas |

| PRONOMES DEMONSTRATIVOS | | |
|---|---|---|
| Variáveis | Invariáveis* | Localização |
| este, esta<br>estes, estas | isto | aqui |
| esse, essa<br>esses, essas | isso | aqui, aí |
| aquele, aquela<br>aqueles, aquelas | aquilo | ali, lá |

*Os pronomes invariáveis *isto*, *isso* e *aquilo* significam, respectivamente, "esta coisa", "essa coisa" e "aquela coisa", e nunca são acompanhados do substantivo ao qual fazem referência.

| PRONOMES INTERROGATIVOS |
|---|
| Quem |
| O que |
| Qual/Quais |
| Quando |
| Onde |
| Como |
| Quanto/Quantos |

# Artigos

| ARTIGOS DEFINIDOS E INDEFINIDOS | |
|---|---|
| o | a |
| os | as |
| um | uma |
| uns | umas |

# Preposições, artigos e nomes de lugares

| PAÍSES | CIDADES |
|---|---|
| Sempre **com** artigos:<br>no/do Brasil<br>na/da Argentina<br>nos/dos Estados Unidos<br>nas/das Filipinas<br><br>**Exceções:** em/de Portugal, em/de Cuba, em/de Israel. | Sempre **sem** artigos:<br>em/de São Paulo<br>em/de Buenos Aires<br>em/de Nova Iorque<br>em/de Paris<br><br>**Exceções:** no/do Rio de Janeiro, no/do Recife, no/do Cairo, no/do Porto. |

# Preposições e contrações

| CONTRAÇÕES | | | |
|---|---|---|---|
| de + o = do | de + a = da | de + os = dos | de + as = das |
| em + o = no | em + a = na | em + os = nos | em + as = nas |
| de + um = dum | de + uma = duma | de + uns = duns | de + umas = dumas |
| em + um = num | em + uma = numa | em + uns = nuns | em + umas = numas |

# Expressões relativas a tempo

| ADVÉRBIOS DE TEMPO | | PERÍODOS DO DIA | | ESTAÇÕES DO ANO | |
|---|---|---|---|---|---|
| ontem<br>hoje | amanhã | de/pela manhã<br>na hora do almoço | de/à tarde<br>de/à noite | na primavera<br>no verão | no outono<br>no inverno |
| **MESES DO ANO** | | | | **DIAS DA SEMANA** | |
| janeiro<br>fevereiro<br>março | abril<br>maio<br>junho | julho<br>agosto<br>setbro | outubro<br>novbro<br>dezbro | segunda-feira<br>terça-feira<br>quarta-feira<br>quinta-feira | sexta-feira<br>sábado<br>domingo |

# Expressões de frequência

| |
|---|
| Todo dia / todos os dias |
| Sempre |
| Quase sempre, quase todos os dias |
| Às vezes |
| Raramente |
| Nunca |

# Alfabeto

| A | B | C | D | E | F | G | H | I |
|---|---|---|---|---|---|---|---|---|
| a | bê | cê | dê | ê | efe | gê | agá | i |
| **J** | **K** | **L** | **M** | **N** | **O** | **P** | **Q** | **R** |
| jota | cá | ele | eme | ene | o | pê | quê | erre |
| **S** | **T** | **U** | **V** | **W** | **X** | **Y** | **Z** | |
| esse | tê | u | vê | dábliu | xis | ípsilon | zê | |

# Pedir as horas

*Que horas são, por favor?*
ou
*Você tem horas?*

# Dizer as horas

| | | |
|---|---|---|
| "É uma hora"<br>"É meia-noite."<br>"É meio-dia." | OU | "São sete horas."<br>"São sete e quinze"<br>"São sete e meia."<br>"São quinze para as oito."<br>"São dez para as oito." |

APÊNDICE

## Acentos e outros sinais

| ACENTO AGUDO | ACENTO CIRCUNFLEXO | ACENTO GRAVE | TIL | TREMA | HÍFEN | PONTO | VÍRGULA | PONTO DE INTERROGAÇÃO | PONTO DE EXCLAMAÇÃO |
|---|---|---|---|---|---|---|---|---|---|
| [´] | [ˆ] | [`] | [˜] | [¨] | [-] | [.] | [,] | [?] | [!] |

## Números cardinais

| | | | | | |
|---|---|---|---|---|---|
| **0** | Zero | **20** | vinte | **200** | duzentos |
| **1** | Um | **21** | vinte e um | **300** | trezentos |
| **2** | Dois | **22** | vinte e dois | **400** | quatrocentos |
| **3** | Três | **30** | trinta | **500** | quinhentos |
| **4** | Quatro | **40** | quarenta | **600** | seiscentos |
| **5** | Cinco | **50** | cinquenta | **700** | setecentos |
| **6** | Seis | **60** | sessenta | **800** | oitocentos |
| **7** | Sete | **70** | setenta | **900** | novecentos |
| **8** | Oito | **80** | oitenta | **1.000** | mil |
| **9** | Nove | **90** | noventa | **1.000.000** | um milhão |
| **10** | Dez | **100** | cem | | |
| **11** | Onze | **101** | cento e um | | |
| **12** | Doze | **102** | cento e dois | | |
| **13** | Treze | | | | |
| **14** | Quatorze | | | | |
| **15** | Quinze | | | | |
| **16** | Dezesseis | | | | |
| **17** | Dezessete | | | | |
| **18** | Dezoito | | | | |
| **19** | Dezenove | | | | |

**Estes números possuem formas femininas:**
**um – uma**
**dois – duas**

## Verbos no presente

| | **REGULARES TERMINADOS EM -AR** | | | | | |
|---|---|---|---|---|---|---|
| | ESTUDAR | FALAR | GOSTAR | MORAR | TRABALHAR | CHAMAR(-SE) |
| Eu | estudo | falo | gosto | moro | trabalho | (me) cham**o** |
| Você* Ele/Ela A gente* | estuda | fala | gosta | mora | trabalha | (se) cham**a** |
| Nós | estudamos | falamos | gostamos | moramos | trabalhamos | (nos) cham**amos** |
| Vocês Eles/Elas | estudam | falam | gostam | moram | trabalham | (nos) cham**am** |

Outros verbos que são conjugados da mesma forma: pensar, achar, acreditar, conversar, preparar, telefonar, levantar (-se), arrumar (-se), lavar (-se), etc.

| | **REGULARES TERMINADOS EM -ER** | | | | | |
|---|---|---|---|---|---|---|
| | VIVER | BEBER | COMER | PARECER | ENTENDER | ESCREVER |
| Eu | viv**o** | bebo | como | pareço | entendo | escrevo |
| Você Ele/Ela A gente | viv**e** | bebe | come | parece | entende | escreve |
| Nós | viv**emos** | bebemos | comemos | parecemos | entendemos | escrevemos |
| Vocês Eles/Elas | viv**em** | bebem | comem | parecem | entendem | escrevem |

Outros verbos que são conjugados da mesma forma: conhecer, acontecer, receber, descer, sofrer, compreender, resolver, nascer, morrer, morder, ocorrer, etc.

| | REGULARES TERMINADOS EM -IR | | | | | |
|---|---|---|---|---|---|---|
| | PERMITIR | DEFINIR | ABRIR | EXISTIR | DIVIDIR | PARTIR |
| Eu | permit**o** | defino | abro | existo | divido | parto |
| Você<br>Ele/Ela<br>A gente | permit**e** | define | abre | existe | divide | parte |
| Nós | permit**imos** | definimos | abrimos | existimos | dividimos | partimos |
| Vocês<br>Eles/Elas | permit**em** | definem | abrem | existem | dividem | partem |

Outros verbos que são conjugados da mesma forma: assistir, dirigir, resistir, desistir, garantir, decidir, insistir, persistir, etc.

| | IRREGULARES | | | | | |
|---|---|---|---|---|---|---|
| | SAIR | VER | VIR | VESTIR | DORMIR | DIZER |
| Eu | saio | vejo | venho | visto | durmo | digo |
| Você<br>Ele/Ela<br>A gente | sai | vê | vem | veste | dorme | diz |
| Nós | saímos | vemos | vimos | vestimos | dormimos | dizemos |
| Vocês<br>Eles/Elas | saem | veem | vêm | vestem | dormem | dizem |

| | SER | TER | ESTAR | FAZER | QUERER | IR |
|---|---|---|---|---|---|---|
| Eu | sou | tenho | estou | faço | quero | vou |
| Você<br>Ele/Ela<br>A gente | é | tem | está | faz | quer | vai |
| Nós | somos | temos | estamos | fazemos | queremos | vamos |
| Vocês<br>Eles/Elas | são | têm | estão | fazem | querem | vão |

| | PODER | VER | VIR | DIZER | LER | SAIR |
|---|---|---|---|---|---|---|
| Eu | posso | vejo | venho | digo | leio | saio |
| Você<br>Ele/Ela<br>A gente | pode | vê | vem | diz | lê | sai |
| Nós | podemos | vemos | vimos | dizemos | lemos | saímos |
| Vocês<br>Eles/Elas | podem | veem | vêm | dizem | leem | saem |

| | DORMIR | VESTIR | PEDIR | SUBIR | FUGIR | COBRIR |
|---|---|---|---|---|---|---|
| Eu | durmo | visto | peço | subo | fujo | cubro |
| Você<br>Ele/Ela<br>A gente | dorme | veste | pede | sobe | foge | cobre |
| Nós | dormimos | vestimos | pedimos | subimos | fugimos | cobrimos |
| Vocês<br>Eles/Elas | dormem | vestem | pedem | sobem | fogem | cobrem |

## Uso de: "antes e depois"

| Antes de/depois de + verbo no infinitivo | Depois que + verbo conjugado |
|---|---|

## Verbos relacionados a refeições

| REFEIÇÃO | VERBO |
|---|---|
| Café da manhã | tomar café da manhã |
| O almoço | almoçar |
| O jantar | jantar |
| O lanche | lanchar |

## Utensílios

| PARA SERVIR BEBIDAS | PARA SERVIR COMIDAS | OS TALHERES |
|---|---|---|
| o copo | o prato | a colher |
| a taça | a travessa | a faca |
| a xícara | a bandeja | o garfo |

André Muller. 2010. 9 ilustração. Digital



## Alimentos

**CAFÉ DA MANHÃ**

- o café
- o leite
- o bolo
- o queijo
- o presunto
- o *bacon*
- o pão
- o biscoito doce
- a bolacha salgada
- o chocolate
- os cereais
- a geleia
- o ovo
- a margarina
- a manteiga

**AS FRUTAS**

- o abacate
- o abacaxi
- a banana
- a cereja
- a laranja
- o limão
- a maçã
- o mamão
- a melancia
- o melão
- o morango
- o pêssego
- a tangerina
- a uva

**AS VERDURAS E OS LEGUMES**

- o agrião
- a alface
- a berinjela
- a beterraba
- o brócolis
- a cenoura
- a couve
- o pimentão
- a rúcula
- o tomate

**OS TEMPEROS**

- o alho
- o azeite (de oliva)
- a cebola
- a pimenta
- o sal
- o vinagre
- o manjericão
- o orégano

| POR + ARTIGOS DEFINIDOS |
|---|
| por + o (s) = pelo (s) |
| por + a (s) = pela (s) |

### Tudo

"Tudo" significa "todas as coisas" e nunca deve anteceder o substantivo a que ele se refere.

### Todo(a)

Todo(a) pode ser acompanhado do substantivo.
Com artigo, significa "inteiro".
Sem artigo, significa "qualquer" ou se refere a um grupo de elementos.

### Todos(as)

Todos(as) (plural) pode ser acompanhado do substantivo e varia de gênero.
O substantivo deve sempre antecedido de artigo.

## Verbos no futuro composto

| | IR NO PRESENTE + VERBO PRINCIPAL NO INFINITIVO | |
|---|---|---|
| | IR (presente) | verbo principal |
| Eu | vou | almoçar<br>jantar<br>comer<br>beber<br>querer<br>... |
| Você/Ele/Ela/A gente | vai | |
| Nós | vamos | |
| Vocês/Eles/Elas | vão | |

## Verbos no pretérito perfeito

| | VERBOS REGULARES | | |
|---|---|---|---|
| | PARTICIP**AR** | PROMET**ER** | ASSUM**IR** |
| Eu | particip**ei** | promet**i** | assum**i** |
| Você<br>Ele/Ela<br>A gente | particip**ou** | promet**eu** | assum**iu** |
| Nós | particip**amos** | promet**emos** | assum**imos** |
| Vocês<br>Eles/Elas | particip**aram** | promet**eram** | assum**iram** |

| | VERBOS TERMINADOS EM -GAR E -CAR | | | |
|---|---|---|---|---|
| | **FICAR** | **CHEGAR** | **TROCAR** | **PEGAR** |
| Eu | fiquei | cheguei | troquei | peguei |
| Você<br>Ele/Ela<br>A gente | ficou | chegou | trocou | pegou |
| Nós | ficamos | chegamos | trocamos | pegamos |
| Vocês<br>Eles/Elas | ficaram | chegaram | trocaram | pegaram |

| | VERBOS IRREGULARES | | | | | | |
|---|---|---|---|---|---|---|---|
| | VER | VIR | DIZER | PÔR | TRAZER | SABER | DAR |
| Eu | vi | vim | disse | pus | trouxe | soube | dei |
| Você/Ele/Ela/A gente | viu | veio | disse | pôs | trouxe | soube | deu |
| Nós | vimos | viemos | dissemos | pusemos | trouxemos | soubemos | demos |
| Vocês/Eles/Elas | viram | vieram | disseram | puseram | trouxeram | souberam | deram |

| | VERBOS IRREGULARES | | | | | | |
|---|---|---|---|---|---|---|---|
| | SER | IR | ESTAR | TER | FAZER | QUERER | PODER |
| Eu | fui | fui | estive | tive | fiz | quis | pude |
| Você/Ele/Ela/A gente | foi | foi | esteve | teve | fez | quis | pôde |
| Nós | fomos | fomos | estivemos | tivemos | fizemos | quisemos | pudemos |
| Vocês/Eles/Elas | foram | foram | estiveram | tiveram | fizeram | quiseram | puderam |

## Números ordinais

1º primeiro
2º segundo
3º terceiro
4º quarto
5º quinto
6º sexto
7º sétimo
8º oitavo
9º nono
10º décimo
11º décimo primeiro
22º vigésimo segundo
33º trigésimo terceiro
44º quadragésimo quarto
55º quinquagésimo quinto
66º sexagésimo sexto
77º septuagésimo sétimo
88º octagésimo oitavo
99º nonagésimo nono
100º centésimo
111º centésimo décimo primeiro
1000º milésimo

## Verbos ser e estar

| SER | ESTAR |
|---|---|
| Usado principalmente para indicar caráter permanente. | Usado principalmente para indicar caráter temporário. |
| 1. Profissão/ocupação;<br>2. Nacionalidade;<br>3. Gênero;<br>4. Características físicas, psicológicas e morais;<br>5. Localização de prédios, ruas (coisas que não podem mudar de lugar).<br>6. Expressões impessoais como "é importante", "é necessário", etc. | 7. Estado emocional ou físico;<br>8. Tempos contínuos;<br>9. Localização de pessoas (coisas que podem mudar de lugar). |

## Presente contínuo

| | VERBO *ESTAR* NO PRESENTE | VERBO PRINCIPAL NO GERÚNDIO |
|---|---|---|
| Eu | estou | FALANDO<br>FAZENDO<br>ABRINDO |
| Você/Ele/Ela<br>A gente | está | |
| Nós | estamos | |
| Vocês<br>Eles/Elas | estão | |

## Advérbios de lugar

| | |
|---|---|
| **Aqui** | Perto de quem fala |
| **Aí** | Perto da pessoa com que se fala |
| **Ali**<br>**Lá** | Perto de uma terceira pessoa |

APÊNDICE

## Relações de parentesco

| | | | |
|---|---|---|---|
| avô/avó | filho/filha | sobrinho/sobrinha | cunhado/cunhada |
| pai/mãe | irmão/irmã | neto/neta | sogro/sogra |
| tio/tia | primo/prima | marido/mulher | genro/nora |

## Descrição física e psicológica

| CARACTERÍSTICAS FÍSICAS | (O) CABELO | OUTROS | (OS) OLHOS | COR DA PELE/ ETNIA | IDADE | CARACTERÍSTICAS PSICOLÓGICAS |
|---|---|---|---|---|---|---|
| alto/baixo<br>magro/forte/ gordo<br>bonito/feio | castanho, loiro, ruivo, preto, grisalho<br>curto, comprido, médio<br>liso, ondulado, cacheado, crespo<br>careca | (a)barba<br>(o)bigode<br>(o)cavanhaque<br>(a)costeleta | castanhos<br>verdes<br>azuis | branca<br>morena<br>negra<br>oriental | jovem, adulto, idoso | simpático/antipático<br>extrovertido/tímido<br>calmo/agitado<br>alegre/triste<br>tranquilo/nervoso<br>brincalhão/sério<br>inteligente/bobo<br>engraçado/sem graça<br>simples/arrogante<br>elegante |

## Verbos no pretérito imperfeito

| | VERBOS REGULARES | | |
|---|---|---|---|
| | PEGAR | ATENDER | PEDIR |
| Eu<br>Você<br>Ele/Ela<br>A gente | pegava | atendia | pedia |
| Nós | pegávamos | atendíamos | pedíamos |
| Vocês<br>Eles/Elas | pegavam | atendiam | pediam |

| | VERBOS IRREGULARES | | | |
|---|---|---|---|---|
| | SER | TER | VIR | PÔR |
| Eu<br>Você<br>Ele/Ela<br>A gente | era | tinha | vinha | punha |
| Nós | éramos | tínhamos | vínhamos | púnhamos |
| Vocês<br>Eles/Elas | eram | tinham | vinham | punham |

## Plural dos substantivos

| REGRA | AÇÃO | SINGULAR | PLURAL |
|---|---|---|---|
| Palavras terminadas em vogal | acrescenta-se a letra s ao final das palavras | lata | latas |
| Palavras terminadas em ÃO | modifica-se o final de -ão para ões | recordação/emoção | recordações/emoções |
| Palavras terminadas em L | a letra "L" é retirada e em seu lugar coloca-se is | especial | especiais |
| Palavras terminadas em M | a letra m é retirada e em seu lugar coloca-se ns | aprendizagem | aprendizagens |
| Palavras terminadas em R e Z | acrescenta-se es | sabor/vez | sabores/vezes |

## Esportes

Dynamic Graphics, © 2000-2010 Dreamstime/Monica Butnaru, Folha Imagens/Rogério Canella

| CONTRAÇÕES | | | | | |
|---|---|---|---|---|---|
| deste(s) | desta(s) | disto | neste(s) | nesta(s) | nisto |
| desse(s) | dessa(s) | disso | nesse(s) | nessa(s) | nisso |
| daquele(s) | daquela(s) | daquilo | naquele(s) | naquela(s) | naquilo |

## Corpo humano

| | | | |
|---|---|---|---|
| a cabeça<br>o rosto<br>a orelha (externo)/ o ouvido (interno)<br>o nariz<br>a boca<br>o olho<br>a sobrancelha<br>o cabelo<br>o lábio<br>o dente<br>a língua<br>a bochecha<br>o pescoço<br>a nuca<br>a testa | o braço<br>o antebraço<br>a mão<br>a palma da mão<br>o dedo<br>a unha<br>o cotovelo<br>o ombro<br>a axila | a perna<br>a coxa<br>o joelho<br>a nádega<br>a canela<br>a batata da perna/ panturrilha<br>o tornozelo<br>o calcanhar<br>o pé<br>o dedo do pé<br>a sola do pé<br>a unha do pé | o peito<br>a mama<br>o mamilo<br>a barriga<br>o umbigo<br>as costas<br>a cintura |

## Sintomas e doenças

| Estar com... | Ter... | Ficar... | Pegar... |
|---|---|---|---|
| dor de cabeça/de ouvido/ de dente/nas pernas/nas costas/nos pés | falta de apetite/insônia/ taquicardia/inflamação/ depressão/febre | irritado/nervoso | gripe, resfriado |

## Verbo no imperativo

| | VERBOS REGULARES | | |
|---|---|---|---|
| | SOLTAR | ESCREVER | ABRIR |
| Singular | solt**e** | escrev**a** | abr**a** |
| Plural | solt**em** | escrev**am** | abr**am** |

| | VERBOS IRREGULARES | | | | | | |
|---|---|---|---|---|---|---|---|
| | SER | ESTAR | HAVER | DAR | QUERER | SABER | IR |
| Singular | seja | esteja | haja | dê | queira | saiba | vá |
| Plural | sejam | estejam | hajam | deem | queiram | saibam | vão |

| Pronomes O/A (s), LO/LA (s) = você(s), ele(s), ela(s) |
|---|
| **Verbo no infinitivo**<br>Mais comum depois do verbo: -LO, -LA, -LOS, -LAS |
| **Verbo conjugado:**<br>Mais comum antes do verbo: O, A, OS, AS |
| **Depois de verbo terminado em -M:**<br>NO, NA, NOS, NAS |

| Outras expressões também usadas para conselhos: |
|---|
| "o melhor é"<br>"é melhor"<br>"é bom" |

| COMPARATIVO |
|---|
| maior     menor     melhor     pior |
| Para fazer comparações, sempre utilizamos a seguinte estrutura: |
| "mais" + adjetivo + "do que" OU "menos" + adjetivo + "do que" |
| É mais comum usar a estrutura usando "mais" do que usando "menos". |

## Acessórios

| | | | |
|---|---|---|---|
| o anel | o brinco | a cinta | o cinto     o colar |
| a corrente/o cordão | a gravata | o lenço | os óculos de grau/de sol |

| | | |
|---|---|---|
| anel<br>brinco<br>cinta<br>cinto | colar<br>corrente/cordão<br>gravata<br>lenço | óculos (de grau)<br>óculos de sol<br>*piercing* |

## Outras peças de roupa

| ROUPA FORMAL | ROUPAS DE BANHO E ESPORTIVAS |
|---|---|
| o terno<br>paletó | biquíni     sunga<br>maiô     calção |
| **ROUPAS ÍNTIMAS** | **FRIO** |
| cueca<br>calcinha<br>sutiã | luva<br>touca/gorro |

## Peças de roupa

| | | | |
|---|---|---|---|
| camiseta<br>camisa polo<br>camisa<br>bermuda<br>*shorts*<br>minissaia<br>saia<br>blusa | casaco<br>jaqueta<br>paletó<br>suéter<br>sobretudo<br>calça<br>meias<br>bota | chinelo<br>sandália<br>sapato<br>tamanco<br>tênis<br>chapéu<br>boné<br>touca/gorro | cueca<br>calcinha<br>sutiã<br>biquíni<br>maiô<br>sunga<br>cachecol<br>luva |

| Padrões |
|---|
| estampado |
| florida |
| xadrez |
| listrado |
| lisa |
| "de bolinha" |

## Cores

| | | | | | |
|---|---|---|---|---|---|
| preto | branco | vermelho | bordô | laranja | amarelo |
| azul-claro | azul-escuro | roxo | lilás | rosa | marrom |
| verde-claro | verde-escuro | cáqui | bege | cinza | |

Este CD é parte integrante da coleção *VIVA! Língua Portuguesa para estrangeiros*. ISBN 978-85-385-4532-3. Não pode ser vendido separadamente.

# Viva! volume 1

**Unidade 1**
Faixa 1: Cumprimentos, apresentações e despedidas
Faixa 2: Ativ. 3: Cumprimentos, despedidas e apresentações
Faixa 3: Alfabeto
Faixa 4: Ativ. 2: Soletração
Faixa 5: Números
Faixa 6: Bingo
Faixa 7: Números de telefone
Faixa 8: Sons da letra **e**
Faixa 9: Prática dos sons de **e**
Faixa 10: Som do **e** aberto

**Unidade 2**
Faixa 11: Pedir e dizer as horas
Faixa 12: No aeroporto e na rodoviária
Faixa 13: O dia a dia de Dora
Faixa 14: Sons da letra **o**
Faixa 15: Prática dos sons da letra **o**

**Unidade 3**
Faixa 16: Diálogo no restaurante
Faixa 17: Restaurante movimentado
Faixa 18: Sons surdos e sonoros
Faixa 19: Produção de sons surdos e sonoros

**Unidade 4**
Faixa 20: Compra de passagem rodoviária
Faixa 21: Compra de passagem aérea
Faixa 22: Sons nasais
Faixa 23: Destinos turísticos brasileiros
Faixa 24: Reserva de hotel
Faixa 25: Números ordinais
Faixa 26: Pedido de informação

**Unidade 5**
Faixa 27: Entrevista com Dona Madalena
Faixa 28: Sons das letras **b** e **v**
Faixa 29: Diferenciação dos sons de **b** e **v**
Faixa 30: Prática dos sons de **b** e **v**
Faixa 31: A morte da tartaruga, de Millôr Fernandes

**Unidade 6**
Faixa 32: ***Podcast***: prática de esportes
Faixa 33: Acidentes domésticos
Faixa 34: Sons de **g**, **j**, **ch** e **x**
Faixa 35: Diferenciação dos sons de **g**, **j**, **ch** e **x**
Faixa 36: Prática dos sons de **g**, **j**, **ch** e **x**

**Unidade 7**
Faixa 37: Consulta médica e estresse
Faixa 38: Sons da letra **r**
Faixa 39: Diferenciação dos sons de **r**
Faixa 40: Situações do dia a dia

**Unidade 8**
Faixa 41: Loja de roupas
Faixa 42: Sons da letra **x**
Faixa 43: Diferenciação dos sons de **x**

Produção de áudio: Audiopar.

Os livros da coleção ***Viva! Língua Portuguesa para estrangeiros*** destinam-se aos estudantes, interessados em aprender o idioma português como mais uma língua moderna.

Composto de atividades dinâmicas e variadas de leitura, escrita, conversação e compreensão auditiva, pautadas em textos atuais e autênticos, os livros da coleção ***Viva! Língua Portuguesa para estrangeiros*** oferecem aos alunos e professores uma rica experiência em interculturalidade e comunicação.

A coleção é composta por quatro volumes, sendo: volume consumível para os alunos, volume para o professor e CD de áudio para textos, canções e vídeos, em cada volume, de acordo com o respectivo conteúdo programático.

***Viva! Língua Portuguesa para estrangeiros.*** Agora você pode estudar e aprender a língua portuguesa numa abordagem comunicativa, funcional e prazerosa.

EDITORA POSITIVO

ISBN 978853854524-8

9 788538 545248

200028389